教室で話したい
雨の日の話

山口 理【著】
やまねあつし【絵】

いかだ社

目次

サキの傘　5
カッパ釣り　12
こうもり傘、直します　19
雨のち晴れ　26
雨降りネコ　33
雨の日は大はんじょう　40
ぼくの妹　47
虹を追いかけて　54
奈々子の花　61
あたし、宇宙人なの　68
雨がやむとき　75
遠い雷　82
雨の日の超能力者　89
コタローの恋　96
あいつは未来のJリーガー　103
雨の日の乳母車　110

☆雨の童話☆
春まちとうげ　116
ごんざと市べえ杉　122

はじめに

子どもは生来、外で思い切り遊びたいものです。けれど、雨の日にはそれができません。屋内という限られた空間で、我慢しながら何とか時をやり過ごすしかないのです。

それでは雨って、どうしようもない〝困りもの〟なのでしょうか。わたしはそう思いません。むしろ雨の時こそ、じっくりと心を育てる絶好のチャンスだと思うのです。そして、そのための有効な手だてが「本」であり、「読書」なのです。

わたしは子どもの頃、雨が降るといつもわが家の窓辺を独占していました。「窓辺で雨音を聞きながら本を読む」などというと、いかにも文学少年だったように聞こえますが、その時に読んでいるのは、たいてい漫画本でした。『鉄腕アトム』や『鉄人28号』などを、むさぼるように繰り返し読んでいたものです。そんなマンガ小僧でしたが、読むときの指定席は、やはり「雨の窓辺」でした。雨の近くに身を置くと、なぜか心がほっと落ちつきました。どっぷりとマンガの世界に入りこむことができたのです。「雨にはきっと癒しの作用がある」。わたしは本気でそう思っています。

しかし、子どものだれもが、雨音に癒しの世界を持つかと言えば、決してそうではありません。もともと子どもはアクティヴです。ですから雨の日には、多くの子どもにストレスがたまってしまうのです。そんな時には、ストレスを多少なりとも和らげてあげる手だてが必要です。その手だてのひとつが、「読み聞かせ」です。

それでは、現代っ子に受け入れられる、読み聞かせの本とは、いったいどのような要素を持ったものなのでしょうか。

わたしは、《長さ》と、《山場》だと思っています。まず《長さ》ですが、かつての子どもたちとは違って、現代っ子が集中できる時間は、残念ながら確実に短くなっています。個人差もまた大きいのですが、教室の数十人をほぼフルにカバーできる時間は5分~10分間と考えていいでしょう。ですから、切れ味のするどい「短編」がよいのです。

次に《山場》ですが短編となると、山場のつくり方がなかなか難しい。「読み始めたと思ったら、すぐに読み終わってしまった」これでは単に「短い」というだけのものです。短い中に、しっかりと起承転結を成立させたストーリーでなくては、現代っ子の心をつかむことはできません。【起承転結が明確で、なおかつ5~10分で読み聞かせられる話】これが大切なのです。こんな本があれば、雨の日でも十分楽しい時間を過ごさせ、ストレスを和らげてあげることができるのではないでしょうか。

さあ、雨の日こそ、しっとりと、そしてじっくりと自分を見つめさせるチャンスです。この本がそのためのお手伝いになれば、これほど嬉しいことはありません。

サキの傘

ケンカばかりしているおれは、まあ自分で言うのもヘンだが、いわゆる「嫌われ者」ってやつ。特に女子からの評判はすこぶるよくない。別にむやみに暴力をふるったり、嫌がらせをしたりするわけじゃない。「けんかっ早い」ということが、どうもその原因らしい。

その日、二時間目あたりから降り出した雨が、下校の頃になってもまだやまないでいた。

「どうすっかなあ」

母の忠告を聞かず、傘を持って登校しなかったおれは、昇降口でうろうろしていた。

「ん？　なんだこの傘。じゃまだな」

一本の傘が、傘立てから大きく飛び出し、通路を三分の一ほどふさいでる。だれかが自分の傘を取り出す時に、引っかけていったのかも知れない。まだ新しい淡い水色の傘だ。

「しょうがねえな。戻しといてやっか。……あれっ、骨が一本曲がってらあ」

きっと、取りだしたやつが引っかけて、強引に引き出されたんだろう。そのときに曲がった

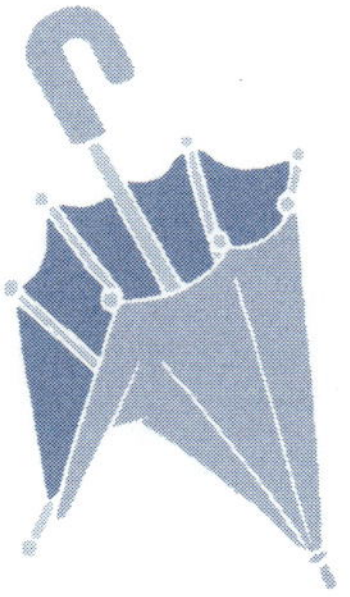

に違いない。おれはふと思った。

（直せないだろうか）

　そして、その傘をもう一度、傘立てから取り出す。

「よいしょっと……。だめだこりゃ。てんで開かねえや」

　その時、おれの背中でかん高い声がした。

「ちょっと健介《けんすけ》、何やってんのよ！　あっ、それサキの傘じゃない」

　同じクラスの女子が数人、そこに立っていた。

「あんたそれ、隠そうとしたんでしょう」

　おれは、ばかばかしくて、言い返す気にもなれなかった。いつだってそうなんだ、こいつらは。おれの顔さえ見りゃ、なんだかんだと、いちゃもんをつけてくる。

「ちょっと、元へ戻しなさ……。わっ、こわれてる！」

　このことばには、だまっていられない。

「お、おれじゃねえからな。最初から、曲がってたんだ」

「うっそだあ！　あたし、今朝サキのこと見かけたけど、ちゃんと傘さしてたもん」

「こわした上に、うそまでつくなんて、健介って最低！」

「おれじゃないって言ってるだろう。いい加減にしろ、この野郎！」

とその時、重苦しい空気のカーテンを引き裂くように、こんな声がした。

「それ、最初からこわれてたの」

サキだった。

「もう、やみそうじゃないの、この雨。平気平気、こんなの」

悠然と靴を履き替え、骨の曲がった傘を受け取ると、サキは雨の中へと走り出した。小降りにはなったが、まだすっかり上がったわけじゃない。

「本当かしら、サキ。まさか健介が口止めしたんじゃないでしょうね」

おれは、振り上げかかったパンチを、肩のあたりでようやく止めた。サキの後ろ姿が、それを思いとどまらせたんだ。次々と下校していく同級生。やがてやかましい女子たちも、ヒソヒソと何か耳打ちしながら帰って行った。

「ちぇっ、おもしろくねえ！」

おれは一度出た教室に、意味もなく戻った。もう、だれもいなかった。そういえば先生も、会議だとか言ってたっけ。

窓ガラス越しに外を見る。雨に煙った町は、ひっそりと呼吸を止めているかのようだった。

と、その呼吸が、突然荒くなった。

「ゲッ、まずいな」

雨がまた本降りになってきたのだ。

「こりゃ、とうぶん帰れねえ……」

その時、おれの頭をサキの後ろ姿がかすめた。

「あいつ、きっとずぶぬれだ」

おれは、走っちゃいけないはずの廊下を突っ走り、階段を駆け下りる。そして、ドッと雨の中へ飛び出した。雨は思ったよりもずっと激しく降っている。おれはランドセルを肩に半分引っかけたままで走った。〝跳ね上がり〟なんて、生やさしいもんじゃない。足の後ろ側にも、背中にも、自分の蹴り上げた水のかたまりをバシバシ感じる。

郵便局の角を曲がったところで、おれの足に急ブレーキがかかった。

「サキ……」

サキは、小さな花屋の軒下で、雨宿りをしていた。やっぱりあの傘は開かなかったんだ。おれに気がつくと、サキはニッコリ笑ってそれから手招きをした。

「早くおいでよ。びしょぬれになっちゃうぞ」

その言葉に引きつけられるように、おれは花屋の軒下へすべり込んだ。

「ふえ～、すげえ雨になったな」

おれの言葉に、サキは「うん」とだけ言った。左手には、閉じたままの水色の傘。いつの間にか、アスファルトの窪みが水たまりになっている。

「ごめんな」

「何が？」

「その傘……」

「だって、健介がやったんじゃないでしょ？」

「あ、当たり前だろ。おれはなあ……」

つい、声が大きくなる。

「わかってる。だから、『ごめん』なんて言っちゃだめ」

わかってる？　いったい何がわかってるっていうんだ。おれは、眉間にちょこっとシワを寄せてサキを見る。長いまつげに一瞬、胸がトクンと鳴った。あわてて視線をそらす。

（バカみてえ、おれって）

とその時、一台のスポーツカーが、猛烈なスピードでおれたちの前を横切ろうとした。

「うわっ、やべえ〜！」

おれは思わず、スポーツカーとサキの間に飛びこんだ。

ザッパーン！

「きゃっ、何やってんのよ、健介！」

間一髪、間に合った。ざまあみろ。スポーツカーのはねた水は、全部おれが受け止めてやったぞ！

「ばっかねえ。ずぶぬれじゃないの」

「……おい、助けてもらったんだから、他に言いようがあるだろ？」

おれとサキは、一瞬顔を見合わせた後、大きな声で笑った。花屋の店員が、不思議そうな顔でおれたちを見る。サキはスカートのポケットから、真新しいハンカチを取りだして言った。

「あ・り・が・と」


水たまりの上では、相変わらず雨粒のダンスが続いていた。

カッパ釣り

　この沼には、奇妙な噂がある。「雨の日にカッパが出る」という噂だ。

「よ～し、そのカッパ、あたしがつかまえてやろうじゃない」

　転入生のあかねは、男の子顔負けのハイパワーだ。こわいもの知らずとも言える。この前も、校庭の木のてっぺんに引っかかったドッジボールを登って取ったし、廊下を走ってた六年生に、ガンガン文句を言ったこともある。ちなみにあかねは、四年生だ。

「それだけはやめた方がいいよ、あかねは転校してきたばっかりだから、そんなこと言ってられるのよ。本当にこわいんだから、あの沼って。釣りをした人が沼の中に引きずりこまれたり、飛びこんだボールを取ろうとしたら、ニュッと緑色の手が伸びてきたり」

「そんな噂、あたしは信じないよ。今度雨が降ったら、行ってみるから、あたし」

　友だちの反対なんてちっとも気にしないあかねは、雨降りの日を楽しみにしていた。

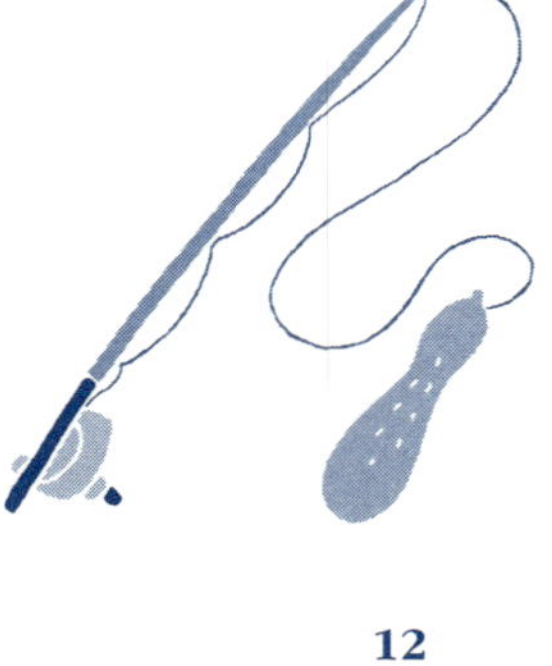

ある日、とうとう雨が降った。学校から家に帰ったあかねは、でっかいリュックになにやらいっぱい詰めこんだ。雨降りだから歩くしかない。沼まで三十分もかかった。

「さてと、まずは釣り糸にきゅうりをしばりつけて……と」

リュックから、次々といろいろなものを取り出した。まず釣り竿をそっと伸ばす。そして、糸の先につるしたきゅうりで、ピョンピョンピョンと、水面をたたくのだ。ところが、何の変化も起こらない。一時間たっても、二時間たっても。

「このやり方じゃ、だめなのかなあ。うー、さむ！　っていうか、この噂がやっぱりうそっぱちだったってことか。そうよ、そうに決まってる。第一、この世にカッパなんかいるわけないのよね。あー、バカ見た、損した、お腹減った。もう帰ろうっと」

その時だ。水面がザワッと揺れて、いきなり何かがきゅうりにかぶりついた。

「あっ、カッパだ！」

間違いない。「妖怪大図鑑」で見たとおりの姿をしてる。緑色の体に頭には銀色に光るお皿。水かきのついた両手両足に背中の甲羅。なにより、顔がまるっきりのカッパだ。

「出てくるのがおそいわよ。あたしがかぜひいたら、あんたのせいだからね」

あかねは、ほっぺたをプッとふくらませて、カッパに言った。

「お、おみゃーは、おいらがこわくないのかピー。おいらは、カッパなんだピー」

「なに、ピーピー言ってんのよ。こわいわけないじゃん。あんたみたいなおチビ」

するとみどり色のカッパが、まっ赤になって怒った。

「よくも『この世にカッパなんかいない』なんて言ってくれたピー。おみゃーなんか、沼の中へ引きずり込んでやるピー！」

そう言い終わるか、終わらないうちに、カッパがあかねに飛びつく。

「うりゃあああ！」

あかねの一本背負いが決まった。

「どう？　だてに柔道、習ってるわけじゃないわよ。もう一回、勝負してみる？」

「わ、わかったピー。おいらの負けだピー」

「あら、やけに素直なカッパさんね。まあいいわ、あたしの家来にしてあげる」

カッパも妖怪のはしくれ。人間の家来になるなんて、ハジもいいとこだ。けれどあかねは、カッパの言うことなんて、聞こうともしない。

「あんた、ピーピー言ってるカッパだから、『カッピー』って名前にしてあげるわ。あたしの家来になったお祝いに、人間の世界を案内してあげるわよ」

強引なんてもんじゃない。あかねは、カッパ……、いや、カッピーにひとことも口をはさませない。大きなリュックの底に手を突っ込む。

「カッパってたぶん、男の子であたしよりも小さいんだろうな、って想像してたんだ」

リュックに詰めてきたのは、弟の洋服や靴だった。

「うーん、なかなか似合うじゃん。これなら大丈夫。ほら、でかけるよ」

こうしてカッピーは、何が何だかわからないうちに、あかねと一緒に町へと向かった。

（臆病者のみんなにカッピーを見せて、自慢してやるんだ）

あかねはそんなことを考えながら、カッピーと並んで歩く。

「ふにゃ？　これって何だピー」

突然カッピーの足が止まる。

「これは、『UFOキャッチャー』っていうのよ。……あのぬいぐるみ、かわいいなあ」

その一言がいけなかった。カッピーは、UFOキャッチャーの取りだし口に腕を差し込んだ。

するとその腕が細く長くなり、ニューッっと伸びてぬいぐるみをつかみ取ったのだ。

「ほら、これがほしいんだろピー」

あかねはびっくり。（カッパが人間を沼に引きずり込む時って、こうやってたのか）

するとカッピーは、またも腕を取りだし口に差し込んで、次々とぬいぐるみを取った。

「だ、だめよカッピー！　そんなことしちゃいけないんだってば！」

気がつくと、あかねの前には、山のようなぬいぐるみが積み上がっていた。

「どうもすいません。もうしないようにしっかり言っておきますから」

あかねはきょとんとしている店員さんに謝り、カッピーの手を引いて、急いで外へ出た。

「んもう、だめでしょ、あんなことしちゃ。もうしないでよ、いい？　……あれっ？」

カッピーが、いつの間にかいない。見ると、〝マックロドナルド〟で、何か注文してる。

「できあがったら、ここに乗せてくれピー」

そう言って、カッピーは帽子を取る。次の瞬間、店員さんの悲鳴が響き渡った。あたしはカッピーの手を引いて、全速力でその場を離れる。

（とってもカッピーを町になんか連れて行けないわ。やっぱり沼に戻そうっと）

走って走って沼に着いた。

「いやだ。おいらもっと人間の町で遊びたいピー！」

カッピーがダダをこねたその時だった。沼の水がザバーッと大きく波打った。

「あっ、パパーッ！」

どうやらカッピーのパパらしい。体の大きさは、あかねの家くらいある。その大きさに、さすがのあかねもびびった。

「あ、ああ、あたしはいじめていません。なにもしてませ～ん！」

　ところがそのカッピーパパは、体に似合わないやさしい声で言った。

「わたしの息子が迷惑をかけたようじゃのう。それに、楽しく遊んでもらって、こいつも喜んでおる。わしらはな、テレパシーでわかるんじゃ」

　その顔があんまりやさしいので、あかねのドキドキはすぐにおさまった。

「何かお礼をしなくちゃならんのう。……そうじゃ、これをあげよう」

　差し出したのは、虹色に輝く見たこともないようなきれいなお皿だった。

「それじゃあ、わしらは家にもどる」

「さよならピー。また会いたいピー！」

　その言葉を残して、カッピーとカッピーパパは、沼の底に戻っていった。

「ふうっ、……あいつ、こまったやつだったけど、楽しかったな」

　あかねはもらったお皿をながめているうちに、「カッパが人間を沼に引きずり込んだり、長い腕を伸ばしたりするのは、きっと人間と遊びたいからなんだ」と、思った。

「カッピー、また会おうね～！」

　今日のことは、自分の胸の中にそっとしまっておこうと思ったあかねだった。

こうもり傘、直します

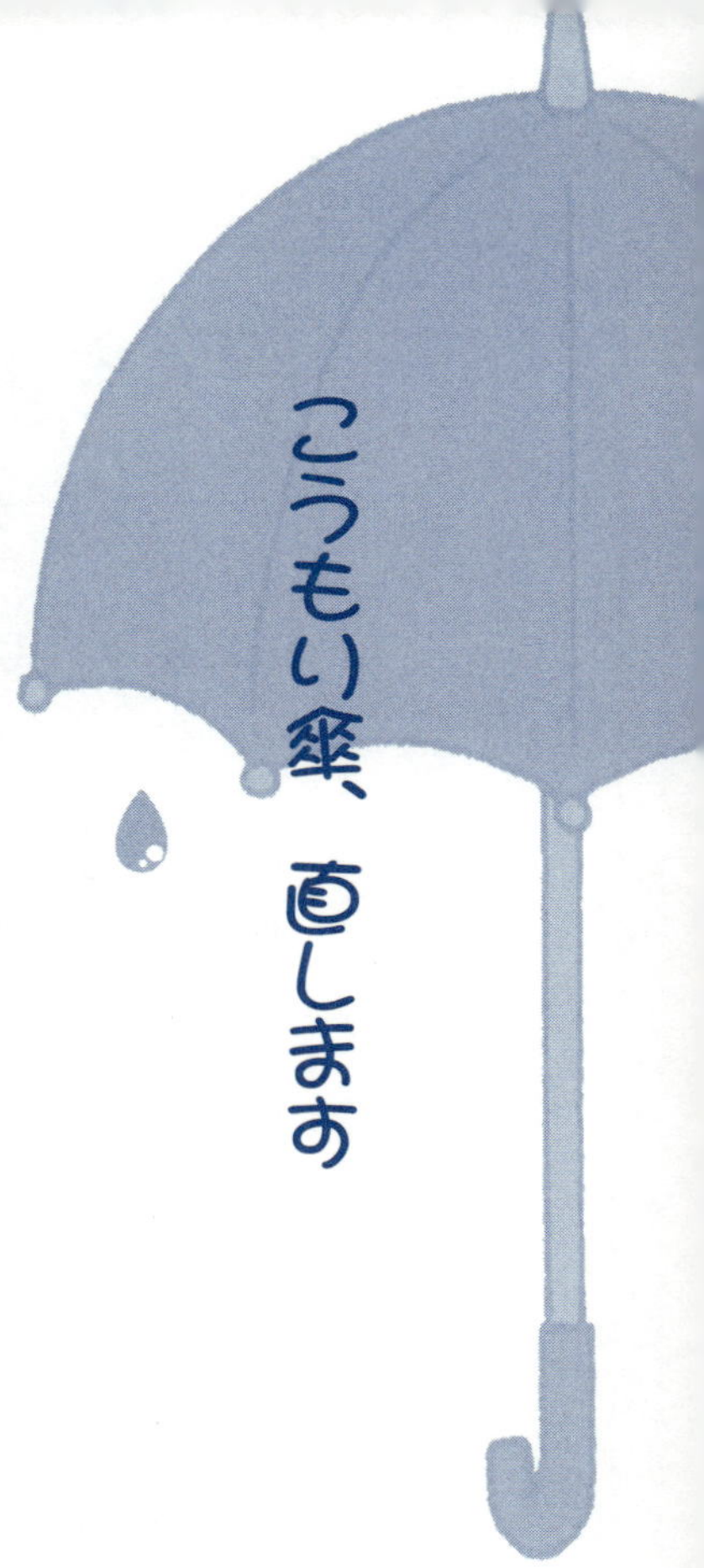

【長い間のご愛顧、ありがとうございました。このたび閉店致しました】

おじいさんは、この張り紙をドアの外側に貼り、ほうっとひとつ、ため息をつきました。おじいさんのお店は、こうもり傘の修理屋さん。けれどこのごろでは、ビニール傘など使い捨ての傘が流行して、こわれた傘を修理して使おうとする人が、めっきり少なくなってきました。

「わたしの時代は、もう終わった……」

そうつぶやいて、おじいさんはゆっくりと椅子に腰掛けました。その時です。

「トントン」

だれかが戸を叩きます。

「どなたかね」

「こうもり傘を直して欲しいんですけど」

おじいさんは、心の中で苦笑い。だってしばらく来なかったお客が、店じまいをしたとたんにやってきたのですから。

「せっかく来てもらって悪いんだけどね、たった今、この店を閉じたところなんだよ」

戸を開けたおじいさんは、そこまで言って、「おやっ」と、小さく声をあげました。ドアの向こうに立っていたのが、小さな女の子だったからです。

「こんな夜更けに、おじょうちゃん一人かい？」

女の子は、コクンとうなずきます。

「ごめんよ。さっきも言った通り、店を閉めたんだ」

「でもわたし、雨が好きなんです」

「はあ!?」

おじいさんには、女の子が何を言っているのか、さっぱりわかりません。

「おじいさんの直した傘でなくちゃ、だめなんです。知らないんですか？　おじいさんの直した傘をさすと、必ず雨が降るんですよ。この町には、わたしの他にも、雨の好きな子がたくさんいるんです。だから、傘を直してください」

おじいさんの顔は、ますますきょとんとなりました。しばらくしてから、ふっとわれに返り、

ようやく口を開きます。

「ま、まあ、せっかく来てくれたんだから、特別に直してあげよう。さあ、中へお入り」

部屋の明かりの下で見ると、七歳くらいの女の子でした。

「どれどれ、こわれた傘を見せてごらん。……ほう、こりゃずいぶん大事に使っているねえ。何度も修理に出した跡がある」

「わたしが生まれるずっと前から使っているそうです。お姉ちゃんも、おかあさんも」

「それは、思い出のつまった傘だ。しっかり直してあげなくちゃ」

せっかくしまい込んだ道具を、またせっせと仕事机の上に戻します。まずは、曲がった骨をまっすぐに。木づちでコンコン慎重に、慎重にたたいていきます。次にほどけかけた糸の交換です。老眼鏡のふちに指を当てると、おじいさんの顔つきは、すっかりいつもの職人さんに戻っていました。

「そら、できたぞ。これでまた、五年は使えるだろう」

生まれ変わった傘を受け取ると、女の子は大喜びで代金を支払い、はねるように帰って行きました。

「やれやれ、とんだ番外だった。……さてと、片付けはあとにして、一杯やるかな」

おじいさんは古い戸棚から赤いワインを取りだし、ゆっくりと飲み始めます。すると、久しぶりで仕事をしたせいか、急に眠気が襲ってきました。

「うーん、片付けは明日だ。眠い、眠い……」

そのままベッドに倒れこみ、朝までぐっすりと眠ってしまいました。

グレーの光が、すり切れそうなカーテンのすき間から差し込みます。

「おや、朝だ。ああ、いい気分でぐっすり眠った」

おじいさんはよいしょと起きだし、サーッとカーテンを引きました。外は雨でした。

「どうれ、コーヒーを飲んだら、昨日の片付けをしようか。最後にいい仕事をさせてもらったからな」

そう言って、ゆっくりと朝のひとときを楽しんでいる時のことでした。

「すみません。こうもり傘を直して欲しいんですけど」

どうしたことでしょう。こんな朝から、お客さんです。

「すまんねえ。ドアに張り紙があるだろう。もう店じまい……」

「お願いします。どうしてもおじいさんに直して欲しいんです。ぼく、雨が好きなんです」

昨夜の女の子と同じことを言っています。そっとドアを開けてみると、十歳ぐらいの男の子でした。

「ま、まあ、入りなさい」

あとは、昨日の夜と同じです。おじいさんは、半分きつねにつままれたような気持ちで、その子の傘を直してやりました。そして次の日も、また次の日も、一日に一人だけ、子どものお客さんがやってくるのです。

「こりゃいったい、どうしたわけだい。それにあの日から、ずっと雨ばかり」

あの日とは、店を閉じた〝あの日〟のことです。とにかく毎日毎日、小さなお客さんがやってきて、毎日毎日雨が降り続くのです。

「こんなに雨続きじゃ、困ってしまう人もたくさんいるだろうなあ」

おじいさんは、窓の外の雨を見つめながら、そうつぶやきました。つぶやきながら、じっと雨の音に耳を傾けていました。じっと……じっと……。

柱時計の音で、目が覚めました。

「おやおや、寝ちまったのか。雨の音は、子守歌みたいだから……」

そこまで言って、おじいさんはいつもと違う様子に気づきました。

「雨が……やんだ……」

窓に顔をつけるようにして、外の景色をながめます。たしかに雨は上がっていました。

「そうか。みんながいっせいに傘を閉じたんだな。うんうん、これでいい。さあ、今度こそ、本当の店じまいだ」

ギギッとドアをきしませて外へ出ます。

「おおっ、見事だ。見事だぞ!」

その声は、町中にひびくほどの大声でした。無理もありません。おじいさんのお店の上には、七色の虹がまばゆいまでにキラキラと輝いていたのですから。

雨のち晴れ

かあさんの初七日が過ぎても、わが家に明るさは戻らなかった。特に姉の落ち込みようは、痛々しいくらいにひどく、毎日泣き暮らすばかり。かあさんが元気なうちは、口げんかばかりしていたから、姉がこんなにかあさんと強くつながっていたなんて、思ってもみなかった。

やがてとうさんは職場に、そしておれも学校に戻ったが、姉だけは学校へも行かず、糸の切れたマリオネットみたいに、部屋のベッドに沈み込んでいた。

その日のおれは再開した部活のせいか、ひどく空腹だった。テレビの時報が、七時を告げる。腹の虫が悲鳴を上げたのと同時に二階へ上がり、姉の部屋のドアをノックする。昨日までは毎日、コンビニ弁当かカップラーメンですませてきた。よくて、冷凍食品をチンして食べるくらいだ。けれど、さすがにそれも飽きた。中二の姉は料理が好きで、ケンカをしながらも、時々かあさんの食事の支度を手伝っていた。だから、料理の腕はまああなのだ。

「なあ、ねえちゃん。何か作ってくれよ。おれ、腹へっちゃってさあ……」

「うるさいわね！」

そんな怒声と共に、部屋のドアが勢いよく開いた。

「こんなときに、よくそんなのんきなことが言っていられるわね。慎司《しんじ》は六年生にもなって、この家が今どんな状況になってるのか、わからないの？」

おれの頭の中で、何かがプチンと切れたような気がした。

「ふざけんなよ。かあさんが死んでからもう一週間以上たつんだぞ。いつまで落ち込んでいれば気がすむんだ。部屋に閉じこもってれば、かあさんが帰ってくるのかよ！」

たまりにたまっていたものを、一気に吐き出した感じだ。まったく、開けるも閉めるも力任せだ。

「バカ！」とだけ言い放ち、思い切りドアを閉めた。まったく、開けるも閉めるも力任せだ。

結局おれの夕食は、この日もカップラーメンになった。それにしても姉は、いつ、どんなものを食べているんだろう。とうさんは二時間以上もかけて通勤しているため、帰りが遅い。おれの胃袋は、そんなとうさんを待っているほどがまん強くはないのだ。

「悪いな慎司、いつもこんな食事で」

とうさんはすまなそうに言う。

（だったら、とうさんからもねえちゃんに言ってやればいいじゃねえか）

口には出さなかったけど、おれはとうさんの態度が不満だった。

それから二日後のことだった。帰りの会で、先生がこんな連絡をした。

「今度のコンピュータの時間に、『母の日のカード』を作るぞ。みんな、アイデアを練っておくように」

すかさずだれかの声が飛んだ。

「先生、慎司はどうするんですかあ？」

みんなが一斉におれを見た。先生はハッと凍りつき、おれは全身がカッと熱くなった。

「あっ、い、いや、すまん。慎司、ごめん。先生、ついうっかり……」

「いいっすよ。おれ、気にしてませんから」

うそだ。おれの胸の中いっぱいにまっ黒な煙が充満し、あっという間に体中のエネルギーを奪い去ってしまった。こんなふうになるなんて、思ってもみなかった。かあさんのことは、もう区切りがつけられたと思っていた。それなのに、この重苦しさは何だ。このグングンこみ上げてくるやるせなさは、一体何なんだ！　おれはその日、一人きりで下校した。

「ん?」

玄関の鍵が開いていた。いつもなら、二階に閉じこもった姉が、かたくとびらを閉ざしているはずなのに。

「こらこら、顔にどろがついたままだぞ。洗ってきなさい」

おれは思わずきょとんとなった。姉が笑顔で目の前に立っていたからだ。

「ね、姉ちゃん……」

「いいから早く洗いなさい。マロンパンケーキ、作っておいたから」

ど、どうなっちゃってるんだ。おれはきつねにつままれたような気持ちで、とりあえず洗面所に向かった。

「あんたの先生、けっこうドジなのね」

顔を洗う背中で、ねえちゃんの声がした。

「なな、なんでそんなこと、知ってるんだよ」

「さっき、先生から電話があったよ。『慎司君を傷つけてしまって、すみませんでした』ってね。事情もすっかり話してくれたわよ。ドジだけど、いい先生じゃん。だから慎司も、そんなことで落ち込んだりしないんだよ」

何言ってるんだ、姉ちゃんは。よくもまあ、そんなことをチャラッと言えるもんだ。

「なーんだよ。ねえちゃんにそんなこと、言われなくねえよ〜！」

おれが目の玉をまん丸にひんむくと、姉ちゃんはいたずらっぽく、アハハと笑った。一体、何なんだ。何がどうなっちゃったんだ。おれの頭は大混乱だ。

「今夜は、『豆腐とひき肉のみそいため』を作るからね。楽しみにしてなさいよ」

それって、かあさんの得意だった料理。そして、おれの大好物だ。

「ほ、本当かよ。うひょ〜！」

『豆腐とひき肉のみそいため』も嬉しかったが、おれにはそれ以上に、元気を取りもどした姉ちゃんの姿が、たまらなく嬉しかった。だから、ちょくちょく台所に入りこんで、姉のシェフぶりを拝ませてもらった。

「ふーん、これって、しょうがなんか入ってたのか。この赤いのは何だ？」

「これは『赤とうがらし』よ。これを、しょうが、にんにく、ねぎと一緒にあらみじん切りにするわけ。ピリッとしたおいしさとコクは、ここがポイントなのよね」

実に手際がいい。材料を刻んだり炒めたり煮込んだり。煮立ったところで水どきにした片栗粉をささっと入れて、とろみをつける。まったく鮮やかなものだった。

この日はうまい具合に、とうさんがいつもより早めに帰宅した。だから、姉ちゃんの手料理を、家族そろって食べられることになったんだ。

「いや、うまいなこりゃあ！」

とうさんの声がはずんでいる。確かにうまい。そればかりじゃなく、かあさんの味そのものだ。

(姉ちゃん、しょっちゅうかあさんと一緒に、料理を作ってたんだろうな)

おれは、この『豆腐とひき肉のみそいため』を食べながら、姉とかあさんの強い結びつきを、いやというほど感じていた。そして今日、おれが落ち込んでいたのを知って、自分を奮い立たせた姉の強さとやさしさを。

「さて、あたしもガンガン食べて、明日からの学校に備えなくちゃ！」

わが家に降り続いた雨もようやくあがる。そして雲の切れ間から、まぶしい太陽が「お久しぶり」と、顔をのぞかせていた。

雨降りネコ

うちのネコは、前からヘンだった。名前は〃ビチョ〃。弟が、学校の帰り道に拾ってきた。その日は雨だったので、全身ビチョビチョ。そこで、この名前がついた。

さて、ここからが問題だ。よく、「ネコが顔をなでると雨が降る」という。このビチョを見ていると、なるほどと思う。いや、なるほどどころじゃない。「必ず降る」のだ。天気予報が何といおうと、ひとたびビチョが顔をなでたら、百パーセント、雨になるのだ。

「なに言ってるのよ。こんな晴れてる日に傘なんか持って行くバカいないでしょ！」

「でも、ビチョがさっき、顔をなでてたんだ。おとといもビチョが顔をなでたら雨が降ったんだよ。だから念のために持って行った方がいいよ」

ぼくは真剣だった。でもおかあさんは、てんで相手にしてくれない。完全無視。そして案の

定、おかあさんは、ずぶぬれで買いものから帰ってきた。

それから、こんなこともあった。運動会の日、ビチョが顔の右側だけを、三回、チョロチョロっとなでた。

「今日は午後になってから、ちょっとだけ雨が降るよ」

このころになると、雨の降る時刻や、強さまでぼくはわかるようになっていた。

午前中はまっ青な空で、まさに運動会びより。雨なんて、これっぽっちも降りそうにない。そして昼休みになった。金管バンド部の楽器や、放送機器なんかもみんな出しっぱなし。ぼくは先生に言った。

「先生、これ、しまっといた方がいいですよ。雨が降るかもしれませんから」

けれど先生は、「あっそ」と言っただけで、どこかへ行ってしまった。食事時間が終わり、休み時間に入る。もうすぐ午後の部が始まるという頃になって、突然、まっ黒い雲が宇宙船のように現れた。そして、シャワーみたいな雨が、あっという間に、テントもマイクも金ピカのユーホニウムもびしょぬれにした。

「ね、言ったでしょ、先生」

先生は、苦虫を噛み潰したような顔になった。

その恐ろしいまでの的中率に、さすがのおかあさんも、ビチョの予言(?)を無視できなくなってきた。(ぼくと弟は、最初から信じてたもんね)まだ信じ切っていないのが、おとうさんだ。

そして今年の夏に、その事件は起きた。

「みんな、用意はいいかな? はいはい、乗った乗った」

その日は、待ちに待った家族キャンプの日だった。もちろん、ビチョも一緒。

走る、走る、車は走る。高原のキャンプ場へ向かって、ズンズン走る。

「いやあ、涼しいなあ」

みんな大喜びだ。ビチョものんびり寝てるから、雨の心配もないだろう。

力を合わせて、テントを張る。これから三泊四日の楽しいキャンプが始まるんだ。

初日はカレー。近くのテントの人たちと友だちになり、パーティをやった。二日目は、近くの川で水遊びをしたり、温泉に入ったりして、のんびり過ごした。そして三日目、このキャンプ最大のイベント、〝龍神山《りゅうじんさん》〟への登山だ。

「この山は、頂上からの眺めが最高なんだ。さあ、みんなで頂上を目指すぞ!」

おとうさんの勇ましいかけ声に、ぼくらは一斉に「オーッ！」と、こぶしを上げた。

登り始めは林の中だ。ゆっくり、ゆっくりと高度をかせいでいく。途中に、こわれかけた小屋があった。昔はちゃんと使っていたんだろうけど。

「ふうっ、だいぶ登ってきたな。ほら、眺めがよくなってきたぞ」

「きれいだわ、この湖。マツムシソウもきれいだし、空もまっ青だし……」

ここまでもう、三時間も登ってきた。目指す頂上には、あと三十分ほどで到着するらしい。

と、その時だ。リュックから顔だけ出したビチョが、いきなり騒ぎ出した。「ギャー、ギャー」と、まるで締め殺されそうな鳴き声だ。

「ねえ、ビチョがヘンだよ」

「何でもないわよ。顔をなでてるわけでもないし」

そりゃそうだ。顔をなでる手がリュックの中だもの。

「ちょっとリュックから出してみようよ」

弟の提案に、おとうさんがしぶしぶ、リュックを降ろす。

「もう少しで頂上なんだぞ。まさか、ここで引き返すなんてことにならないだろうな」

どうしても頂上まで行きたいらしい。ところが、リュックから出したビチョは、やっぱり顔

んギャ〜

をなでた。それも、ものすごい勢いで、何度も何度もゴシゴシも顔をなでまくった。

「ねえ、今日のビチョ、ふつうじゃないよ。山を下りた方がいいんじゃないの?」

ぼくは、おとうさんとおかあさんの顔を交互に見た。おとうさんは、じっと頂上の方を見ている。おかあさんは、そのおとうさんを見ている。きっと困ってるんだろうな。せっかくこんなに苦労して登ってきたんだもの。それを頂上目前であきらめるなんて。それに、ぼくが見ても、今日の天気はどう見ても晴れだ。雲ひとつない、最高の天気なんだ。ところが……。

「よし、山を下りよう。これまでビチョには何度も助けられてきたしな」

そう言い出したのは、なんと、おとうさんだ。

ぼくたちは、ビチョを信じて山を下り始める。途中で、何人かの登山者と出会った。

「下りた方がいいですよ。雨になりそうですから」

おとうさんは、強い調子でそう言った。けれどこの天気では、説得力がない。登山者たちは口をそろえて、「今日は大丈夫ですよ」と、笑って山を登っていった。

半分ほどまで下りたとき、急に空が暗くなってきた。そして、それから間もなく……。

「雨だ、雨だよ!」

ぼくがそう言い終わるか終わらないうちに、滝のような雨が落ちてきた。

「みんな、あそこへ避難するんだ！」

おとうさんが指さしたのは、さっきの小屋だった。ぼくたちは、飛びこむようにその小屋に入った。すると、目の前の登山道が、滝になった。ものすごい音を立てて、茶色い水が流れ下っていく。

さっき登っていった人たちが果たしてどうなったのかは、だれにもわからない。

雨が上がって、下ることができるようになったのは、それから二時間もたったころだった。ぼくんちのテントは高い丘の上に立てたので、幸い流されてはいなかった。下の方のテントは、まったく気の毒なことになっていた。

「おい、ビチョ。お前っていったい、どうなってるんだ!?」

そんなことを言いながら、おとうさんはやさしく、ビチョのぬれた体をふいていた。

とまあ、うちのネコはこんなネコだ。きみんちのネコは、いったいどんな能力をもっているのかな？

雨の日は大はんじょう

おかあさんは、ご機嫌斜めです。だって、ちっともお客さんがこないから。
わたしの家は美容室。おかあさんはもちろん美容師です。だけどこのごろ、お客さんがすっかり減ってしまいました。
「近頃のお客は、センスが悪い！」
なんて怒ってるけど、わたしから見ると、おかあさんにも原因があると思うんです。だって、お客さんが、「こんな髪型にしてください」って言っても、「そんなのはお客さんに似合いません」って、違う髪型にしてしまうからです。だから、お客さんがへってしまうのも、しかたないような気がします。

ある雨降りの夜のことでした。

「すいません、まだやってますか?」

閉店ちょっと前に、一人のお客さんが走りこんできました。見ると髪の毛が、くるくると丸まっています。まるで、こわれてゼンマイが飛び出したロボットみたいです。

「ええ、ギリギリですけど大丈夫ですよ」

本当はもうシャッターを下ろすところでしたが、一人でも多くのお客さんが欲しいと思っていたおかあさんは、つい、そんなことを言いました。

「ああ、よかった。明日、結婚式なのに、こんな髪になっちゃって、どうしようかと思っていたところだったのよ。助かるわあ」

お客さんはほっとした顔で、バッグを椅子の上に置きました。おかあさんが、ちょっと聞きにくそうにたずねます。

「あのう、どうなさったんですか、その髪の毛」

「ああこれ? あたしってすごいくせ毛なの。雨が降ると、決まってこんなふうになっちゃうのよ。いつもは放っておくんだけど、まさか結婚式にこれじゃねえ」

それを聞くとおかあさんは、「それはそれは」なんて言いながら、しまいかけた道具をまた取り出しました。

一時間くらいかけてセットが終わり、お客さんは喜んで帰っていきました。

「やれやれ、それにしてもすごいくせ毛だったわ。苦労しちゃった」

そんなことを言いながら、道具をしまい始めます。と、その時です。

「すす、すいません！」

あわてた声とともに、一人の若い女の人が、ドアから飛びこんできました。

「明かりがついていたもので、やっているかと思いまして。……まだ大丈夫ですか？」

どうやらまたまたお客さんのようです。髪の毛が、ボワッと広がっていました。

「え、ええ、まだ何とか……」

すごい髪の毛をしたお客さん。それもこんな時間に。おかあさんは、ちょっとびっくりしたみたいな感じで、それでもニコニコと〝あいそ笑い〟をしました。

「ああ、ラッキーだわ。明日、お見合いがあるのに、どうしようかと思っていたところなんです」

「あらま、そうなんですか。……ところでこの髪は、いったいどうなさいました？」

とにかくすごいんです。まるで頭の上で、花火が爆発したみたいな髪の毛。

「これね、わたしの悩みの種なんです。雨が降るとこうなっちゃうんですよ。いつもは大きな帽子をかぶってごまかすんですけど、お見合いの席に帽子っていうのもねえ」

このお客さんは、二時間くらいかかってどうにかセットが終わりました。おかあさんは、はあっと大きなため息をついて、首をぐるっと回します。

「疲れたわあ。すごい髪の毛をしたお客さんが続くんだもの」

と、その時です。

「よかったあ、まだ開いてるお店があって！」

飛びこんできたのは、髪の毛が竜巻みたいに、ぐるぐると空へ向かって舞い上がっている女の人でした。まさかこの人もお客さん？

「ど、どうなさいました？　その髪の毛」

「それがね、今日みたいにシトシトとした雨が夕方から降り出した時に限って、こんな髪になっちゃうの。前にお医者さんに相談したら、『シトシト・トルネード・ヘアー病』っていう、かわった病気なんですって。だけど明日は、息子の授業参観なのよ。なんとかしてもらえないかしら」

おかあさんは「病気では治せません」って、困った顔をした。それにしても、おなかがすいたなあ。なのにこのお客さん、「そこを何とか」って、ずっとねばってる。

「しかたありませんねえ。病気は治せませんけど、授業参観のためだけでしたら、何とかなるかもしれません」

わたしはあきらめて、台所から食パンを持ち出し、それをぱくぱく食べました。

「思い切って、ショートカットにしましょう。そうでないと、とても無理です」

お客さんの許しをもらって、おかあさんははさみを取り出しました。ジョキジョキ。次はバリカン。ブーン！　その音がいつまでも続きました……。

「はい、終わりましたよ」

その声で、わたしはフッと目を覚ましました。どうやら、長いすで眠ってしまったようです。見ると女の人はすっかりショートになり、別人のようでした。

「まあ、ありがとう。これで息子に泣かれないですむわ」

そう言って、大喜びしました。時計を見ると、もう夜中の十二時です。おかあさんは、がっくりとわたしの寝ていた長いすにこしをおろしました。

「あたし、もうだめ。もういや、お客さんなんて！　早く、早くシャッターをおろしてちょうだい。またたれか来たら大変だわ」

わたしは急いでお店のドアを開け、シャッターを下ろそうと外に出ました。

「わあっ、きれいな星空だあ!」

雨はすっかりあがっていました。

「おかあさん、雨がやんだから、もうへんなお客さんは来ないよ」

わたしがそう言ってふり向くと、おかあさんは長いすでぐっすり眠っていました。

それからはずっとお天気で、お店に来るお客さんは、ほとんどいませんでした。

「あーあ、また雨が降らないかなあ」

あんなに大変だったのに、おかあさんはポツッと、そんなことをつぶやくのでした。

ぼくの妹

背中で声がした。

「おにいちゃん、待ってよう！」

しまった。ゆいに見つかった。

ぼくは、あきと。小学校四年生だ。妹のゆいは、二年生。

「一緒に学校、行こうね」

ぼくは、ゆいが小学校へあがってから、ずっと一緒に登校してる。いや、してやってる。だけど何だかこのごろ……。

「行ってきまーす！」

げんかんで、お母さんに向かって手をふるゆい。ぼくはそのすきに、外へ飛び出した。

「あっ、待ってよ、お兄ちゃん！」

ゆいは、かけ足で近づいてくる。ぼくはついつい小走りになった。

「つーかまえたっと。おにいちゃん、足が速いなあ」

ゆいが、ぼくのシャツにギュッとつかまった。

「ねえ、おにいちゃん。今日の給食、なんだっけ？」

「知らないよ。いちいちおぼえてるもんか、そんなの」

「ええーっ、だっておにいちゃん……」

「しいーっ！」

ぼくは口の前に指を一本立てて、ゆいをだまらせた。

「大きな声で、『おにいちゃん、おにいちゃん』って呼ぶなよ」

するとゆいはちょっと小首を傾げて、不思議そうな顔をした。

「どうして？　おにいちゃんはおにいちゃんだもん。……あ、雨」

ゆいは、ちっちゃな手のひらを、空に向かって差し上げた。雨は、ぼくのほっぺにも、ぴちょりと当たった。

「明日からは別々に登校しような」

それだけ言うと、ぼくはまた足を速めた。

(四年生にもなって、妹と一緒に登校するなんて、みっともないもんな)

それでもゆいは、小走りにぼくを追いかけてくる。ぼくは足を止めて、ゆいに強い調子で言った。

「いいか、ゆい。明日からは別々に登校するんだ。それから休み時間に、おれの教室へくるのもやめるんだ」

「えっ、どうして?」

ゆいは不思議そうにぼくをじっと見た。

「いいから、もうついてくるな」

「いやだよ、そんなの。あたし、おにいちゃんと一緒がいいんだもん」

「うるさいな。もう、ついてくるな。ここでずっと立ってろ。いいか、ぜったいに追いかけて来たりするんじゃないぞ」

それだけ言うと、ぼくは一気にかけ出した。通りの角まで来てちらっと後ろを見たら、ゆいはさっきの場所に、じっと立っている。

(ああ、よかった。これでもうあきらめるだろう)

このごろ、ぼくをからかうヤツがいるんだ。「あきとは妹思いだから、おれたちとは遊ばないよな」って仲間に入れてくれなかったり、「あきとは二年生相手がちょうどいいのかもね」なんて。だからぼくはもう、妹とは一緒にいたくないんだ。

「あれっ、あきと。今日はゆい、欠席なのか？」

校門のところで、友だちがぼくの顔をのぞきこむ。

「おれはもう、ゆいを卒業したんだ」

そう言って、わざとバシンバシンと音をたて、上履きに履き替えた。

教室へ入ると、窓の向こうに霧のような細かい雨が見えた。

（ゆいのやつ、ぬれないで登校できたかな……）

〝卒業〟したはずのゆいが、なぜか気になる。やがて先生が来て、朝の会が始まった。

「今日は雨だな。校庭で遊べないから、教室で静かに過ごすように……」

と、そのとき、教室のドアがそっと開いた。

「あのう、すいません」

二年生の子が二人、顔をのぞかせた。

「ゆいちゃんの連絡帳が届いてないんですけど、おにいちゃんが持っていませんか？」

「えっ、ゆい、来てないの？」

ぼくは思わず立ち上がって、大きな声を出してしまった。大急ぎで先生に事情を話すと、そのまま教室を飛び出した。背中で先生の声がしたけど、気にしてなんかいられない。

校庭へ出た。雨が少し強くなっているような気がする。

(ゆいのやつ、いったいどこへ行っちゃったんだ。……ぼくがあんなことを言ったからかなあ。いったいどこにいるんだよう、ゆい!)

ぼくはドキドキする気持ちを抑えて、校門の外へ飛び出した。本当なら、先生の許可無しに校外へ出ちゃいけないんだけど、今はそれどころじゃない。

(はっ、まさか……)

ぼくは、さっきゆいと別れた場所へ全速力で走り出した。雨粒が、バシバシとぼくの顔にぶち当たる。コンビニの角を曲がるときに、一度転びそうになった。それでもぼくのスピードは、少しも落ちなかった。そして、あの場所に来た。

「……ふうっ、なんだよ、ゆい。ばかじゃないか、こいつ」

ゆいは、さっきぼくが「ここで立ってろ」と言った場所で、じっと立っていた。ランドセルを頭の上に乗せて、雨の中で立っていた。

「あっ、おにいちゃん! おーい、おにいちゃーん!」

ゆいは、ぼくを見つけると大きく手を振った。

「おい、ゆい！　何やってるんだよ」

「だって、ここで待ってれば、きっとおにいちゃんが来てくれると思ったから」

ぼくはあきれて、言葉も出なかった。そのかわりに、来ていたシャツをぬぎ、それでゆいのぬれた髪の毛をゴシゴシとふいた。

「おにいちゃん、汗くさ～い」

そう言って鼻をつまみ、それからゲラゲラと笑い出すゆい。やれやれ、まだ当分こいつと一緒に登校することになりそうだな。

「ほら、学校へもどるぞ。あーあ、先生におこられちゃうな、こりゃ」

ぼくはゆいと一緒に、この日二度目の登校をした。

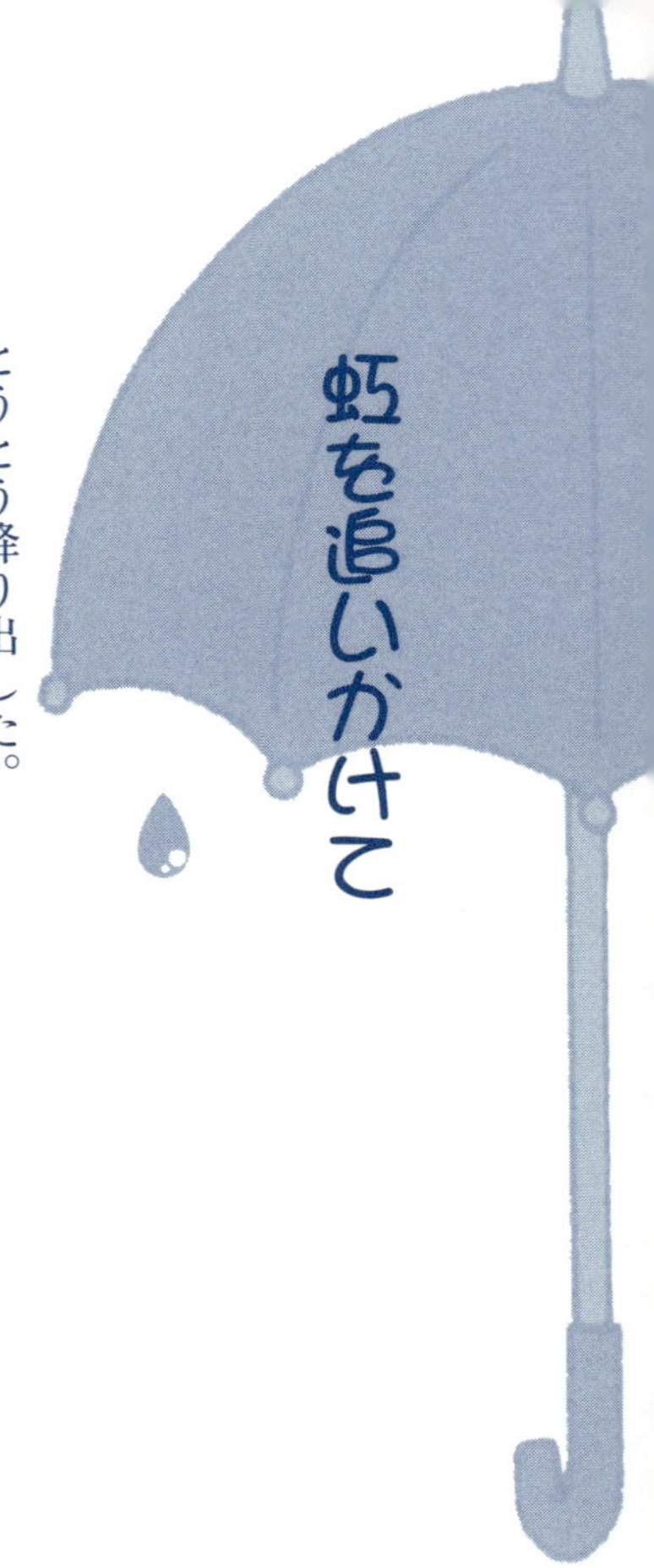

虹を追いかけて

とうとう降り出した。

「よしっ、出発！」

おれの合図に、智明《ともあき》と勇太《ゆうた》が頷く。カッパを着こみ、雨の中へ自転車で飛び出した。

「土手まで一気に走るぞ。ダッシュだ、ダッシュ！」

三丁目の角を曲がって坂を上る。立ちこぎでグイグイ上がる。

「光太郎《こうたろう》、雨が……」

勇太の声が雨の音にかき消される。あっという間に本降りとなった雨が、おれたちの体を容赦なく叩く。

おれたち三人は、長い間の疑問を解明するために、こんなことをしている。あれは一昨年の秋、おれたちがまだ三年生の時だった。

「ねえ、虹のはじっこって、いったいどうなってるのかなあ」

　勇太のそんなつぶやきが、全ての始まりだった。興味を持ったおれと智明が加わって、まずは図書室へ直行。いろいろと調べてみたけれど、わかったのは虹の仕組みぐらいなものだった。次に先生に聞いたら、「さあ」と首を傾げただけで、あとは無視された。四年生になってから、コンピュータの時間に、インターネットで調べてみた。だけどやっぱり、〝虹のはじっこがどうなっているか〟なんて、さっぱりわからない。

「こうなったら、自分の足で確かめに行くしかないな」

　おれたちは、そう結論を出した。

「虹が出るのは雨上がりだろ」

　智明が、メガネのふちを持ち上げながら、当たり前のことを言った。勇太がちょっとバカにしたような顔で言い返す。

「決まってんじゃん。それより問題はその後だよ。雨が上がって、どういう状態の時にどのあたりに出るか、そこがポイントだ」

　というわけで、おれたちは「雨のち晴れ」という天気予報の時にはいつも集まって、観察を始めることとなった。

「おー、出た出た。うーん、ここから見ると、ちょうどあの鉄塔のあたりに虹のはじっこがあるな。ということは、あのあたりから虹が始まってるってことか」

こんなやりとりが何度かくり返され、今日、おれたちはそれを確かめることにしたんだ。なんてったって、天気予報で「激しい雨ののち、スカッと晴れるでしょう」って言ってたんだから。

「おい、遅れるな。しっかりついてこい！」

「そ、そんなこと言ったって……」

智明が遅れ気味だ。無理もない。このどしゃぶりの雨じゃ、とっても前なんか向いちゃ走れない。カッパのフードを引き下げて、ひたすら下を向いて走るしかないんだから。

後輪の跳ね上げた水しぶきが、高く舞い上がる。どろよけなんかまるで役に立たない。

土手が見えてきた。ここをまっすぐ走って、あの鉄塔を目指すんだ。

「スピードを落とすな！　土手の上まで一気に走って上がるんだ！」

おれが先頭になって、急坂を上る。グイッとペダルをこぐ足に力が入る。ここでスピードダウンしたら、再スタートがつらくなる。

「智明、頑張れ！」

おれと勇太が、同時に声を飛ばした。歯を食いしばって智明が上る。

「もうちょいだ、ファイト、智明！　よっしゃあ、上りきったぞ！」

どうにか三人とも、土手の上に上りきった。ここからはサイクリングロード。きっとスイイ走れるだろう……、と思ったのは大間違い。真正面から、滝を横向きにしたみたいな雨がたたきつけてくる。

「は、走れねえ……」

勇太が苦しそうに声を絞り出す。智明は、フラフラとハンドルをとられて、今にも土手から転げ落ちそうだ。

「お前ら、おれの後ろについて風をよけろ！」

と、カッコつけたまではよかったが、おれだって倒れないでいるのがやっとの状態だ。

（くっそう、何が何でもあの鉄塔までたどり着くんだ）

グッと頭を下げて、姿勢を低くする。勇太が何かを叫んでる。だけどフードにぶつかる雨の音で、ちっとも聞き取れない。

西の空が少し明るくなってきた。まずい！　このままじゃ到着する前に虹が出ちまうぞ。その時、フッと風雨が弱まった。雨がやむんだ。

「よし、今だ。鉄塔までつっ走れ！」

スピードが上がる。勇太も智明も、何とかついてきている。

(行ける。この調子ならたどり着けるぞ！)

おれたち三人は、エネルギーの全てを、ペダルにぶつけた……。

鉄塔に着いたとき、雨と風はほとんどおさまっていた。雲の切れ間から、一筋の光が差し込む。

「晴れるぞ。出るぞ、虹が出るぞ！」

おれたちは、かたずをのんでその瞬間を待った。五分、十分……。

「あ、出た。虹、あ~、出たよ」

智明のすっとぼけた声が、おれたちの気持ちを語っていた。確かに虹は出たのだが、この鉄塔から延びてはいなかった。はるか遠くの土手の向こうに、虹のはじっこはあった。

「ここが、虹の始まりじゃなかったんだな」

「ああ、ちょっとがっかり」

おれと智明ががっくりしている横で、勇太が言った。

「おれ、がっかりなんかしてねえよ。虹って、どんなに追いかけても届かないもんだってわかったし。なんか、そんな気もしてたし……」

なにっ！　っと勇太を見上げる。そんなおれたちを無視して、勇太は言葉を続けた。

「転校前に、いい思い出ができたよ。おまえたちと一緒に雨の中、虹を追いかけたっていう思い出……」

そう、勇太はもうすぐ転校する。だからその前に、ずっと持ち続けたおれたち三人の【なぞ】を解き明かしたいと思っていたんだ。

「虹って、どこから見てもでっかいな」

いつの間にかおれたちは、並んで立っていた。そして、はるか彼方の大きな虹を見つめていた。

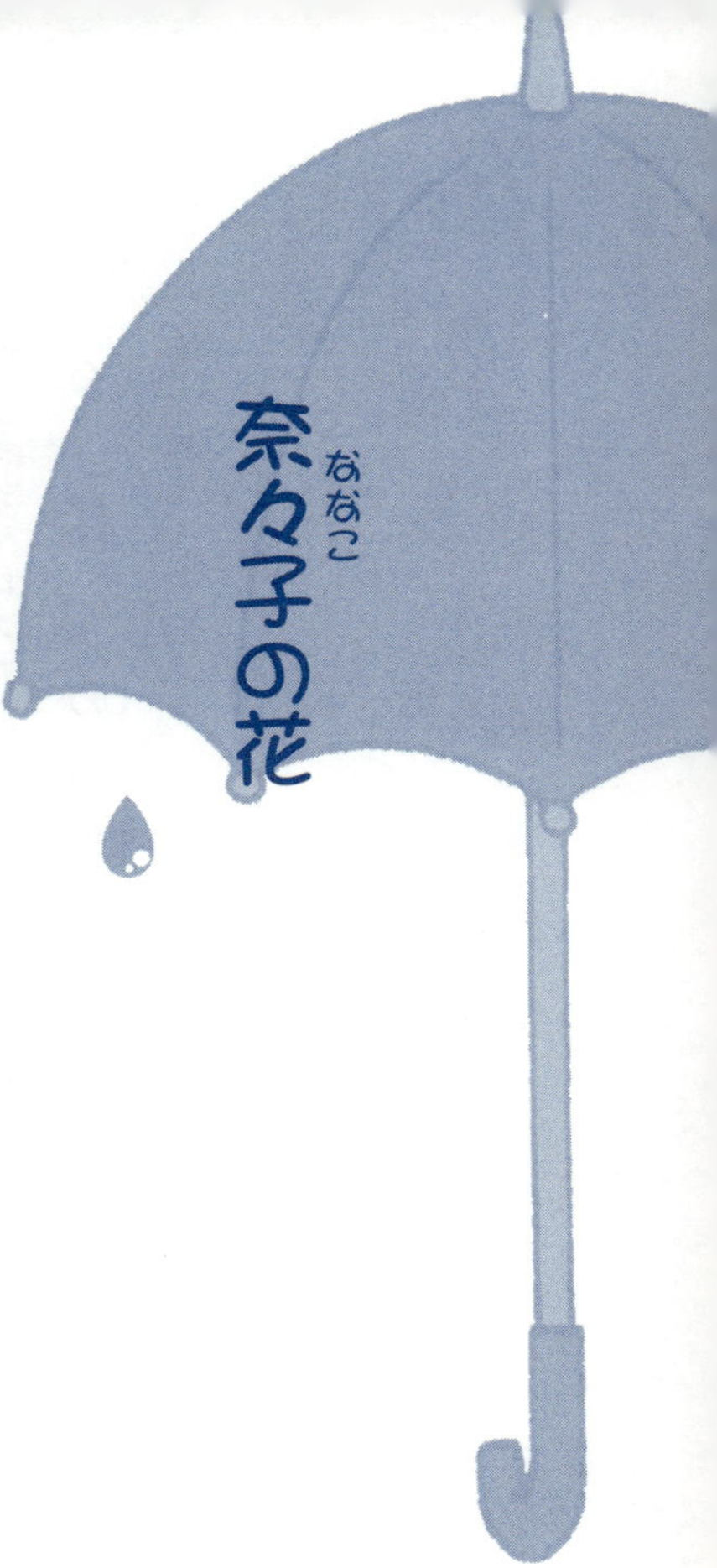

奈々子《ななこ》の花

　緑の風が、奈々子のほっぺを駆け抜ける。

「うわあ、いい気持ち！」

　奈々子は全身が緑色になってしまいそうなくらいに、大きな深呼吸をした。ここはキスゲ公園。夏でもすずしい風が吹き抜ける高原だ。奈々子の家も学校も、ここからそれほど遠くない場所にある。

「それでは自由時間にします。でも、あまり遠くへは行かないように」

　先生の声が、歓声にかき消される。奈々子の学校、今日は四年生の校外学習でここに来ているのだ。

「ねえ、奈々子。こっちで大縄して遊ぼうよ」

　仲よしのユッチが、ザックの中から大縄を取りだした。

あたしも、あたしもと、あっという間にグループができた。と、その時だった。

「おい、そこじゃまだぞ。おれたち、ドッジボールやるんだからな」

晃一《こういち》がボールをポーンと投げ上げて、奈々子たちを横目で見た。

「何よ、あんたたちだけの公園じゃないでしょ。それに、こんなところまで来てドッジボールなんか、やらなくたっていいじゃない。他の遊び知らないの？　バッカみたい」

奈々子は気が強い。学校でも休み時間などには、男子にまじってサッカーをすることもある。この前なんか、そうじ中に、男子と取っ組み合いのケンカをして、やっつけてしまったくらいだ。

「どうぞお好きに。へへっ、あっちにもっと広いところがあるんだもんね！」

実は奈々子、ずっと前にこの場所へ来たことがある。その記憶がかすかに残っていたのだ。

「たしかあっちの方だよ。ほら、広場があるみたいでしょ」

奈々子は、七人の友だちの先頭にたって、はねるように小道を進んで行った。

（あの時も、こうやって走ったんだっけな）

奈々子の頭の中に、ふと思い出のワンシーンがよみがえる。遠い日の、小さな小さな思い出……。

「ちょっと、待ってよ。ねえ、奈々子ってばあ！」

「はやく、はやく。のんびりしてると自由時間がなくなっちゃうぞ～！」

ジャンプしながら大きく手をふる奈々子。

「まったく、みんなおそいんだから」

奈々子は、右手にさわった青い草をプチッとちぎって、その場に寝ころんだ。

空を見た。まっ青な空に、ポッカリと白い雲がうかんでいる。手を伸ばせば届きそうな気がした。

「あの雲、おとうさんに似てるな。あっ、こっちの雲は校長先生だ」

奈々子は一人でクスッと笑う。勝手な空想が、もくもくと広がっていく。と、そんな気ままな時間をじゃまする声が、奈々子の耳に届いた。

「こんなに遠くまで来ちゃって平気かなあ」

「もうあんまり時間がないんじゃない？」

友だちの声だ。みんなちょっぴり心配そう。奈々子は両手をメガホンにして、どなった。

「だいじょうぶだよ。まだ時間もあるし、それにちっとも遠くなんかないよ～！　先に行ってるぞ～」

そんな奈々子に、みんなはあわてて走り出す。けれど奈々子は、まるで、ウサギかリスみたいに、どんどん先へ進む。みんなとの距離は、離れるばかり。

「まあ、みんなもそのうち追いつくでしょう。あたしは先に……」

ふと、奈々子の足が止まった。

「あ、この花……。ナナコ……」

細い記憶の糸が、スッとたぐり寄せられる。いつの間にか落ちてきた雨にも、奈々子は気がつかなかった。

みんなの目が、ようやく奈々子の後ろ姿をとらえた。

「ふうっ、やっとおいついた。ねえ奈々子、雨が降ってきたよ。……あれ、何してるの?」

見ると、奈々子はしゃがみこんでじっとしている。いつものようすとは、どこかちがう。

「どうしたのよ、奈々子ってば。転んだんじゃないの?」

すると奈々子は、かけよってくるみんなを見上げて、首を大きく横に振った。足もとには、うすいブルーの花が風にゆれている。

「転んでなんかいないよ。それよりほら、きれいな花でしょう?」

みんなは、思わず顔を見合わせた。やっぱりいつもの奈々子とは、ふんいきがちがいすぎる。

「そりゃきれいなのはわかるよ。だけど、『花がきれい』なんて、奈々子らしくないからさあ」

そんな声を無視して、奈々子は、ゆっくりと話しはじめた。

「この花の名前は『ナナコ』っていうんだよ」

「はあ？」

みんなはまた、顔を見合わせた。奈々子の話はまだ続く。

「あたしがまだうんと小さいころ、よくおねえちゃんと散歩に行ったんだ」

「奈々子、お姉ちゃんなんていたっけ？」

奈々子には、三歳年下の弟がいるだけ。そんなことは、友だちならみんな知ってる。

「本当のお姉ちゃんじゃないよ。うちの隣に住んでた、よそのお姉ちゃん」

みんなが、なあんだとつぶやく。雨の一粒が、「ナナコ」という名の花を小さく揺らした。

「そのお姉ちゃん、あたしのことを、本当の妹みたいに可愛がってくれたんだ。ある時、家の近くの原っぱを歩いていたら、きれいな花がさいていたわけよ。うすいブルーで、ちっちゃな花だったけど、あたしはもちろん、お姉ちゃんもその花の名前を知らなかった。でも、あんまりきれいな花だったから名前をつけようってお姉ちゃんは言ったの。それで、その花に『ナナコ』っていう名前をつけてくれたんだ。それがこの花ってわけ」

「ふうん、なんかいいな、自分の名前のついた花があるなんて……」

だれかが、うらやましそうにそう言った。

「この花の本当の名前、先生に聞いてみようか」

べつのだれかが、大きな声でそう言って、奈々子の顔をのぞきこむ。でも、奈々子は首を横にふった。

「いいんだ、この花の名前は『ナナコ』のままで。お姉ちゃんがつけてくれた、あたしの花だからね」

そう言って、奈々子はもう一度、いたずらっぽく、ぺろっとしたを出した。

そのお姉ちゃんは、奈々子が二年生の時にどこかへ引っ越していった。思い出の中のお姉ちゃん。そのお姉ちゃんが名づけてくれた、「ナナコ」という名の小さな花……。

「雨が降ってきたから、戻ろうか。……天気雨だね。こういうの、『キツネの嫁入り』って言うんだよ。知ってた？　まあこれも、そのお姉ちゃんに教えてもらったんだけどね」

みんなを見上げた奈々子の瞳に、ブルーの花が揺れていた。

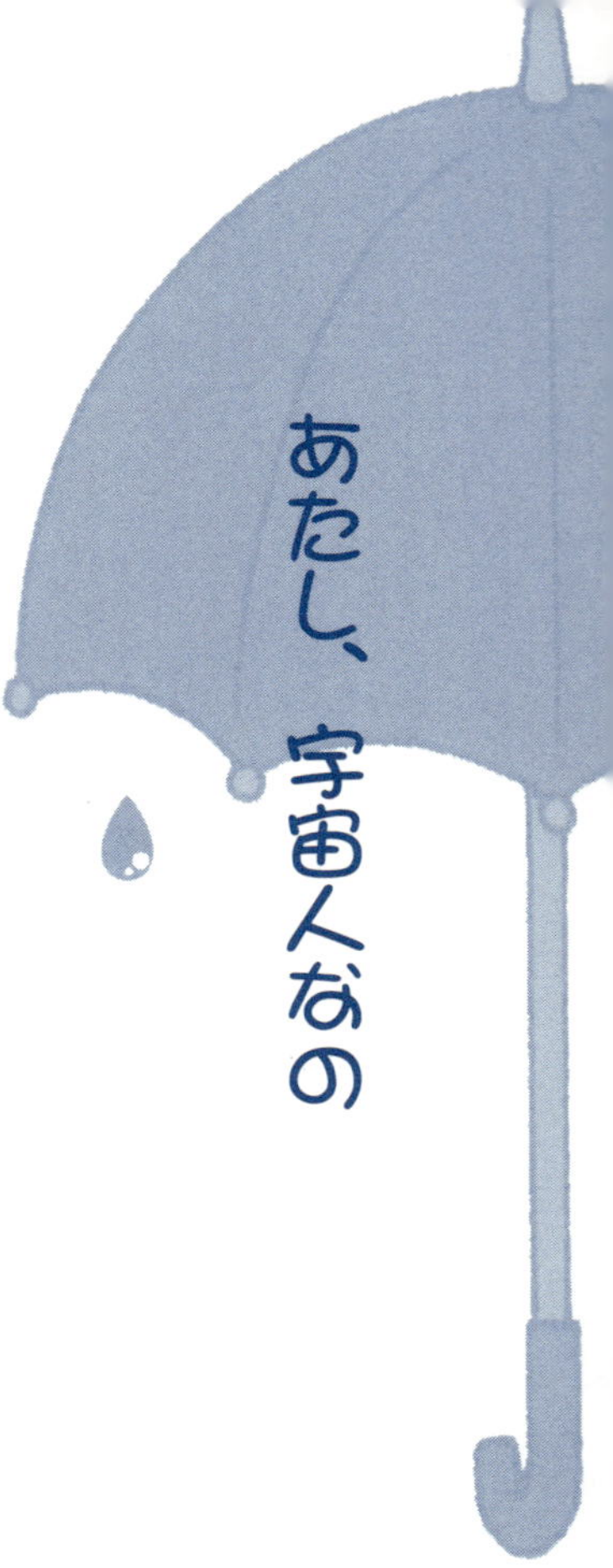

あたし、宇宙人なの

ヘンな女子が転校してきた。名前はアンリ。名前もヘンだが、行動はもっとヘンだ。

まず、ドッジボールを知らなかった。ボールが飛んできても、キャッチもしなければ、よけもしない。

「あっ、あぶねえ！」

つよしの剛速球がアンリの顔面に飛んだ。

「ばか、よけろ！」

おれの叫びも無駄だった。ボールはまともにアンリの顔面を直撃。

「あちゃー、だいじょうぶか？」

と、駆け寄ったおれは、次の瞬間、目が点になった。アンリのやつ、何事もなかったかのように、ケロッとしてるんだ。

「お、おい、本当に何でもないのかよ。つよしのボール、くらったんだぞ」

その言葉にアンリは、ニコッと笑顔を返した。

算数の時間には、こんな事もあった。アンリのやつ、ちっとも先生の話を聞いてないんだ。ポケーッと校庭を見ていたり、鉛筆を目の前に立てて、ジーッと見つめていたり。

「アンリさん、あなたさっきから何やってるの。この問題、解いてみなさい」

先生も頭に来てるみたいだった。

「あ、はい。それは当然、1253、87です。それを二乗すると1572189、9になります。さらにそれを三乗してみると……」

「も、もういいです。よ、よくできました」

〝じじょう〟ってなんだ？〝さんじょう〟って？おれたちには、わけがわからない。それ以来、先生はアンリをあまり注意しなくなった。

「一緒に帰ろう」

突然背中で声がして、おれはびびった。

「な、なんだ、アンリかよ。やだよ、女なんかと一緒に帰ったら、何言われるか」

おれはこいつを振り切ろうと、どんどん足を速めた。ところが、おれがどんなに早足で歩いても、アンリはにこにこしながらついてくる。

「ねえ、浩介《こうすけ》は土星に行ったことある？」

おれはガクッとのけぞった。

「あの輪っかって、宇宙船の着陸施設なのよ。知ってた？」

アホか、こいつ。実はおれ、宇宙にだけは詳しいんだ。

「バカじゃん。土星の輪って、小さい岩石のカケラとかが回ってるんだぜ」

「なに、冗談言ってるのよ。あ、それからテトラ星ね、ほら、冥王星の二つ先の惑星。あそこに再来週、隕石がぶつかるんだって。あたし、見に行くんだ〜」

もう、話にならない。太陽系の惑星は全部で九つ。冥王星が一番遠くにある惑星だって事は、おれじゃなくたって知ってる。

「あのさあ、アンリ。お前って空想癖があるのか？　それともただの無知なのか？」

そんなおれの質問には答えもせず、アンリは話を続けた。

「どうしても浩介に言っておかなくちゃならないことがあるの。あたし、転校してきたばっかりなのに、そろそろ帰らなくちゃならないんだ。……地球では時々空から水が落ちてくるでしょ。今度、落ちてきたときに、帰らなくちゃならないのよ。そろそろその準備をしなくちゃならないんだ。実はあたし、宇宙人なの」

やれやれ、何でも好きにしてくれよ。おれは、「はいはい」と、いい加減な返事をして、アンリと別れた。

次の日から、アンリは学校を休んだ。どうでもいいと思っていたアンリだったけど、この休みが三日も続いたころから、ちょっと気になってきた。

次の日の朝、テレビで何気なく天気予報を見た。

【今日は、関東地方で大雨が降るでしょう】その予報は大当たりだった。昼前から、どしゃ降りの雨だ。おれは学校から走って帰り、アンリの家に向かおうとした。

「あ、アンリ！」

なんというタイミング。コンビニの角を曲がってくるアンリと、偶然に出会ったのだ。

「浩介……。あたし、もう帰らなくちゃならないの」

それだけ言うと、アンリは走り出した。

「あっ、待てよ、アンリ！」

おれはアンリの後を追って走った。駅前に出る。すごい人混みだ。傘の波、波、波。

「あっ、すいません」

ぶつかった相手が悪かった。ダブダブのズボンに、そり落としたまゆ毛。ピアスを十個くらいチャラチャラ耳からぶら下げた、男子高校生の集団だ。

「なんだよてめえ。傘がこわれたじゃねえかよ」

明らかに因縁だ。体がガタガタとふるえる。と、その時するどい声がした。

「やめなさいよ。小学生相手に、みっともないわね」

アンリだった。

「なんだと、このガキ！」

高校生のパンチがうなりをあげる。と、次の瞬間、その高校生が宙を舞った。いったい、何がどうなったんだ。おれがキツネにつままれたような顔をしていると、アンリはさしていた傘を放り投げ、ツツッと指先を動かした。

「うわっ！」

すると、周りを取り囲んでいた高校生たちが、次々ともんどり打って倒れる。

「逃げるよ、浩介！」

返事をする間もなく、アンリはおれの手を取って走り出した。

「浩介、あたしと一緒に来る？」
おれはわけもわからず、「ああ」と返事をしてしまった。傘もないまま、二人で電車に乗り

込む。

「アンリ、いったいどこへ……」

返事はない。一時間ほど走り、降り立った駅は山の中。雨はいっそう激しくなった。駅舎の屋根から、滝のように流れ落ちる。アンリが雨の音に負けないように大声を上げた。

「ここからは歩くしかない。頑張って！　あたし、時間がないの」

ひたすら歩く。ひなびた集落を過ぎると、道は山に向かっていた。バケツをひっくり返したような雨の中、全身びしょぬれのまま、おれとアンリは薄暗い山道を登った。

（おれはいったい、何をやってるんだ……）

これははたして夢なのか、幻なのか、もしかして現実なのか。何もわからなかった。

足を滑らせながら、おれは人形のように、ただ黙々と山を登った。雨水を集めた登山道は、まるで激流のようだ。その中を、泳ぐように上り続ける。

いったいどれくらいの時間がたったのだろう。おれの足と心臓が限界近くなった頃、アンリが立ち止まり、スッと顔を上げた。

「着いたわ……」

雨のカーテンの向こうに、銀色に光る宇宙船の一部が見えた。

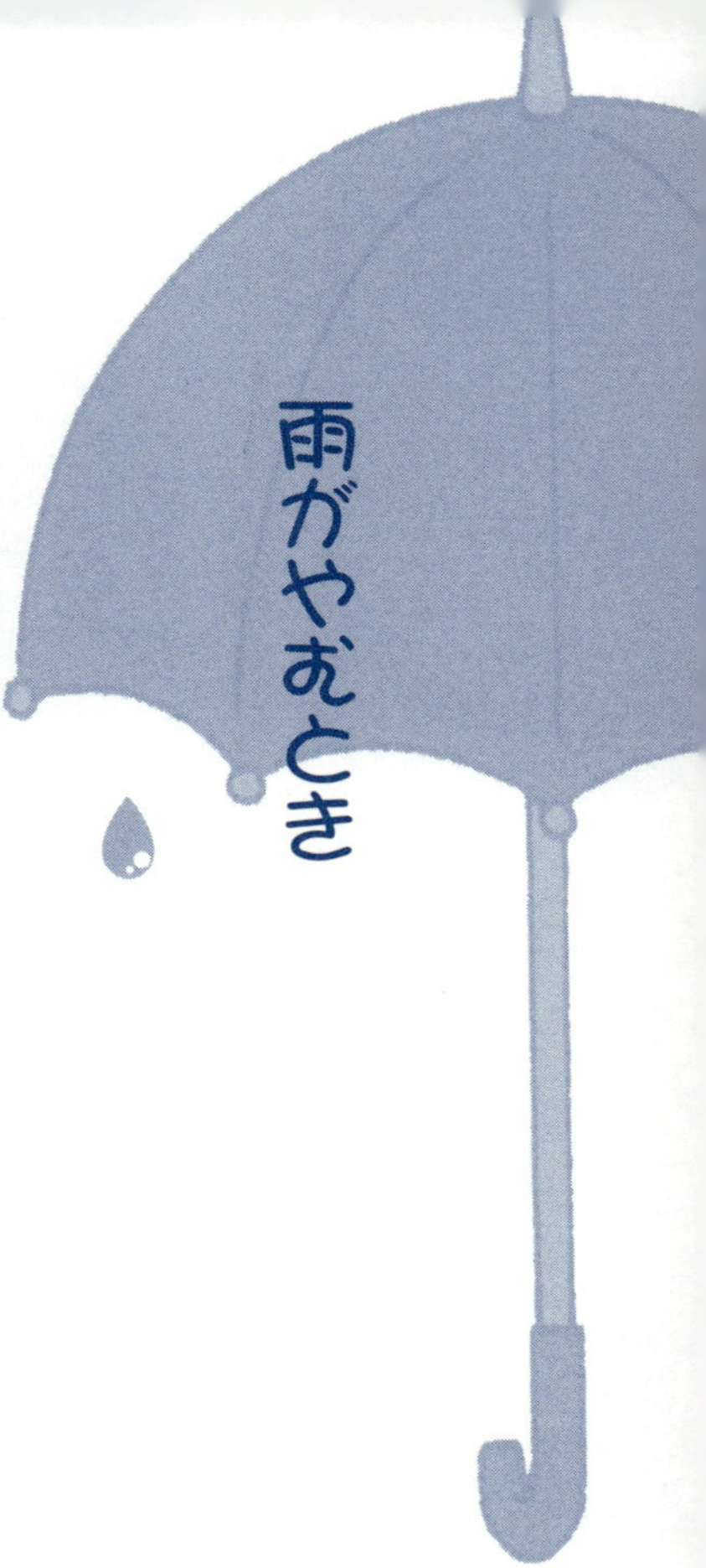

雨がやむとき

冷たい風が吹き抜けた。

「姉ちゃん、本当に行くのか?」

ぼくは内心、ちょっと不安だった。

「当たり前でしょ。いやなら健太《けんた》は好きにすればいい」

姉はツンと、あごを空に向けた。とうさんとかあさんが離婚した。原因はよくわからない。ただ、ぼくと姉を取り合ってもめていることだけは、小五のぼくにもわかる。

「私はどっちにも行かない。おばさんの家へ行くからいい」

そんな姉ちゃんの言葉に、「ぼくも」と言ってしまった。だから今、このバス停にいる。おばさんの家に行くことは、両親も知っている。バスは昼間、一時間に二本しか来ない。中二の姉ちゃんは、大好きな部活も休んだ。というか、当分、休むことになりそうだ。

「バスの時間、変わったのかしらね」

姉ちゃんは冷たいベンチに腰掛けたまま、チラリと腕時計に目をやった。

「お二人でどちらへ？」

ふいに後ろから声をかけられた。見たことのない顔……。知らないおじさんだった。

「いえ、別に……」

「ふふん、そうかな？　何かいやなことでもあったんじゃないのかい？」

ぼくと姉ちゃんは思わず顔を見合わせた。（不審者？）

「ははは、わたしはあやしい者じゃない。ほら、こんな物を売って歩いてるんだよ」

大きなキャリーバッグの先から、傘の柄が何本も飛び出ている。

「傘……、売ってるんですか」

「ああ、そうだ。だがな、……ここだけの秘密じゃが、こんなこともできる傘売りなんだ」

と言うが早いか、おじさんが一本の傘を広げた。

「わっ、雨だ！」

いきなり雨が降ってきた。「ごめん、ごめん」と言いながら、おじさんが急いで傘を閉じる。

すると、ピタッと雨がやむ。ぼくと姉ちゃんは、もう一度顔を見合わせた。

「ま、まさか」

「もう一度やってみようか」

傘を開くとまた雨が降り、閉じるとやむ。何度やっても、それは同じだった。

「どど、どうしてそんなことができるんですか?」

ぼくはつい、どもってしまった。

「さあね、それがわたしにもわからんのだよ。……おや、バスが来た。そうだ、これを一本、お二人に差し上げよう。なあに、かまわんよ。安物の傘だ。だけど〝幸運の傘〟だよ」

クリーム色の傘。かなり目立つ傘だ。

「おじさん、ありが……」

顔を上げると、そこにはだれもいなかった。きつねにつままれたような気分で、やっと来たバスに乗り込む。

「ねえ、さっきのこと、夢だったのかな」

「二人して、同じ夢をみるわけないでしょ。ばかね」

何が気に入らないのか、姉ちゃんはバスの中でずっと不機嫌だった。

「さっきのおじさん、いきなりいなくなったよね」

「わかんないって言ってるでしょ！」

それきり、ぼくたちの間に会話はなかった。無言の二人を乗せたまま、バスはおばさんの住む家へと向かう。いつの間にか、雨が降っていた。窓ガラスに斜めのストライプが増えていく。バスのワイパーが、時々、「キュッ」と音を立てていた。

バス停を降りると、おばさんが待っていた。雨は降り続く。

「健太も瑞季《みずき》も、よく来たわね。おとうさんとおかあさんから、事情は聞いたわ。まあうちで少し、のんびりしていきなさい。今は、気もちを落ち着けることが大事だから」

バス停から少し歩くと、もうおばさんの家だ。傘を閉じる。

「傘を閉じても、雨やまないわね」

姉ちゃんが久しぶりに口を開いた。

「でも、〝幸運の傘〟だって、言ってたよ」

「気休めよ」

また気むずかしい姉ちゃんに戻った。

おばさんは、ぼくたちをお客さん扱いしない。それが妙に嬉しい。ぼくは居間に寝ころんで、テレビをつけた。

「健太、よくテレビなんか見る気になる……あら、この人！」

突然、姉ちゃんが大きな声を出して、テレビの画面を指さした。

「ほらほら、あの人じゃない！　ねえ健太、あの人！」

ぼくは自分の目を疑った。似てる。ものすごく似てる。ぼくと姉ちゃんがさっき会ったばかりのあの人に。そう、「傘売りのおじさん」だ。女の人を空中に浮かせたり、手提げバッグの中からライオンを出したり、ものすごいマジックをやってる。

「あのおじさん、マジシャンだったのか。どうりで」

正体がわかったはずなのに、姉ちゃんはまだ首をひねってる。

「いくらすごいマジシャンだって、雨を降らせたり、やませたりなんてできるかしら」

「そこがあの人のすごいところなんだよ。あ～あ、サインもらっときゃよかったなあ」

ぼくは、大げさな身ぶりで悔しがった。夜になっても、ぼくの興奮はさめなかった。あのおじさんの顔やら傘やらライオンやらが、現れたり消えたり……。

家の前に一台の車が止まった。「だれだろう?」、玄関を開けると雨だった。ぼくは〝幸運の傘〟をさして一歩外に出る。玄関の照明に二人の人物が浮かび上がった。

「お、おとうさん！　あ、おかあさんも」

予想以上に早い登場だ。まあ、一週間はやって来ないだろうと思っていたのに。後ろから出て来た姉ちゃんもあっけにとられた顔をした。

「瑞季、健太、心配かけて悪かったな。もう一度四人で暮らそう」

いきなりの結論に、ぼくも姉ちゃんちゃんも面食らった。キッチンに走りこんだ姉ちゃんが、ぼくを手招きする。

「健太、どうする？」

「どうするって……。ま、まあ、いいんじゃないの、そういうことで」

姉ちゃんはだまって、何度か小さくうなずいた。ぼくが小声で言う。

「やっぱり、あのおじさんの言ったとおりになったじゃん。〝幸運の傘〟って。やっぱり、本物のマジシャンだったんだよ」

すると姉ちゃんは、ふうっとひとつ息を吐いた後で、ポツリとつぶやいた。

「うん、もしかすると世界一のマジシャン。だってほら、雨もやんだもの」

閉じられた傘から、ポタッとしずくが落ちた。

遠い雷

あたしは急いで傘を取りだした。いきなり降り出した雨。その上、雷まで鳴り出した。

公園通りまで来たときだ。あたしの目の前に、ドスンと何かが落ちてきた。

見ると、〝落ちてきたモノ〟は、もそもそと動いてる。

「うわっ、何？」

「いててて……」

男の子？　いや違う。人間みたいだけど、頭にツノがある。その上、体にもしましまの模様がついてるし。

「あなた、だれ？」

あたしが小さな声で聞くと、その子（？）は、こっちをギロッとにらみつけて言った。

「おれは〝ピカル〟だ。お前は……、もしかすると人間だな」

「当たり前じゃない。じゃあ、あんたは何なのよ」

相手の態度が大きいので、あたしも大きい態度をしてやった。

「おれは雷の子だ。この世で一番えらい、雷様の子どもだぞ。本当なら、人間なんかが気安く口を聞ける……、あいててて」

そいつは、腰に手をやって顔をしかめた。どうやら落ちたときに腰を強く打ったらしい。

「へえー、雷の子ねえ。めーずらしい！　それにしてもピカルなんて、へんな名前」

あたしが笑うと、ピカルは顔をまっ赤にして怒った。

「くそう、人間が雷をバカにするなんて、許せないぞう！　絶対に許せない……けど、うわわっ、こりゃ大変だ」

ピカルは必死に立ち上がろうとした。何をあわててるの？

「雨が、雨がやむ前に雲の上に帰らないと、次の雨まで帰れなくなっちまうんだ」

そういえば、いつの間にか雨が小降りになってる。おやおや、もうすぐやみそう。

「むむっ、ええい！」

ピカルは思い切りジャンプしようとしたけど、そうとう腰が痛いらしい。「いてて」と悲鳴を上げて、あおむけにひっくり返った。

「あんた、無理しない方がいいんじゃない？　ほら、雨もやんじゃったし」
「ああ、どうしよう。早く帰らないと、とうさんに大目玉をくらっちまうよう」
「まあ、いいじゃん。とにかく、少し横になって休まなくちゃダメよ。そうだ、うちへおいで。シップ、はってあげるから」

というわけで、ピカルはあたしの家に来た。それにしても雷の子のお客さんなんて初めて。おかあさん、早くパートから帰ってくればいいのになあ。

「おい、そっとやれよ」
「人の家に来て、なにいばってんのよ。いいから早く腹ばいになりなさい」

あたしは薬箱からシップを取りだし、ピカルの腰にペタッと貼ってやった。

「おい、もっとやさしくやれ。おれを怒らすと、この家の中で雷を起こしてやるからな」
「なに、えらそうなこと言ってんのよ。雲から落っこちたドジな雷のくせに。ガタガタ言うと、この腰にキックくらわしてやるわよ」

あたしがそう言って足を振り上げると、ピカルは急におとなしくなった。

しばらく休んでいるうちに、ピカルの腰はだいぶよくなってきた。さすが雷様の子だ。実に治りが早い。空を見ると、また雨が降ってきそうな感じ。

「おれ、さっきの場所へ戻るよ。落ちたところからしか、ジャンプできないんだ」

けれどまだ雨は降っていない。雨が降らなくちゃ、ピカルは雲までジャンプできないっていうのに。あたしは、ピカルに弟の服を着せ、あの場所で雨が降るのを待たせることにした。大きめの傘を持たせ、顔がすっぽり隠れるようにして、あたしたちは外へ出た。

「あんた、おなかすいてない？」

「そ、そういえばすいたな。でもおれたちは、いつも雲をちぎって食ってる」

「そんなものはないわよ。……ねえ、試しに人間の食べもの、食べてみない？」

あたしは近くのパン屋でメロンパンを買って、それを強引に食べさせてみた。なんか急に試してみたくなったの。雷が人間の食べものを食べるかどうか。

「う、うまい！　人間って、こんなうまいものを食ってるのか。くっそう、いいなあ」

ピカルは夢中になって食べた。これって大発見じゃない？　夏休みの自由研究にしようかなあ……。その時、あたしのほっぺに、ポツリと冷たいものが当たった。

「あっ、雨だ！」

ピカルはメロンパンの残りをゴクッと飲みこむと、ゆっくり立ち上がった。

「ふうっ、これで帰れるよ。……パン、ごちそうさん。それからシップ、ありがとうよ」

それだけ言うと、ピカルはあっさり空へ帰って行った。なんだかあんまりあっさりしすぎてる。胸の中にポッカリ穴が開いたような気持ちを抱えて、あたしは家に戻ろうとした。

「おい、今日はよくも先生にチクってくれたな」

あちゃー、いやなやつに会った。同じクラスの健吾《けんご》だ。

「なによ、あんたがそうじをさぼってたからいけないんでしょ。逆恨みするな」

「なんだと。お前みたいなチクリ女は、こうしてやる！」

健吾がパンチを振り上げた。ところが悲鳴を上げたのは健吾だった。後ろから健吾の腕をつかんだだれかがいる。

「ピカル！」

そう、そこにいたのは、雲の上に帰ったはずのピカルだった。

「ほら、これを返すのわすれてたんだ」

弟の服だった。ピカルは、健吾の腕をねじあげたまま、こう言った。

「おれの友だちをいじめるやつは、こうなる」

そして人差し指を天に向かって突き上げる。すると、ちっちゃなちっちゃな雷が〝ピシャン〟と健吾の上に落ちた。

「いってえ！　ひえ～、助けてくれえ！」

逃げていく健吾の姿が、サアッと雨のカーテンに遮られた。突然本降りになったんだ。

ピカルは、親指を一本あたしの前に突きだす。

「じゃあな。今度こそさよならだ。もう、落ちるようなドジはしねえよ」

それだけ言うと、ピカルはまた雲の中に消えていった。

「おれの友だち……か」

あたしは雨の中、じっと空を見上げる。いけない、今度はあたしがわすれものをした。「ピカル、ありがとう」っていう言葉を。

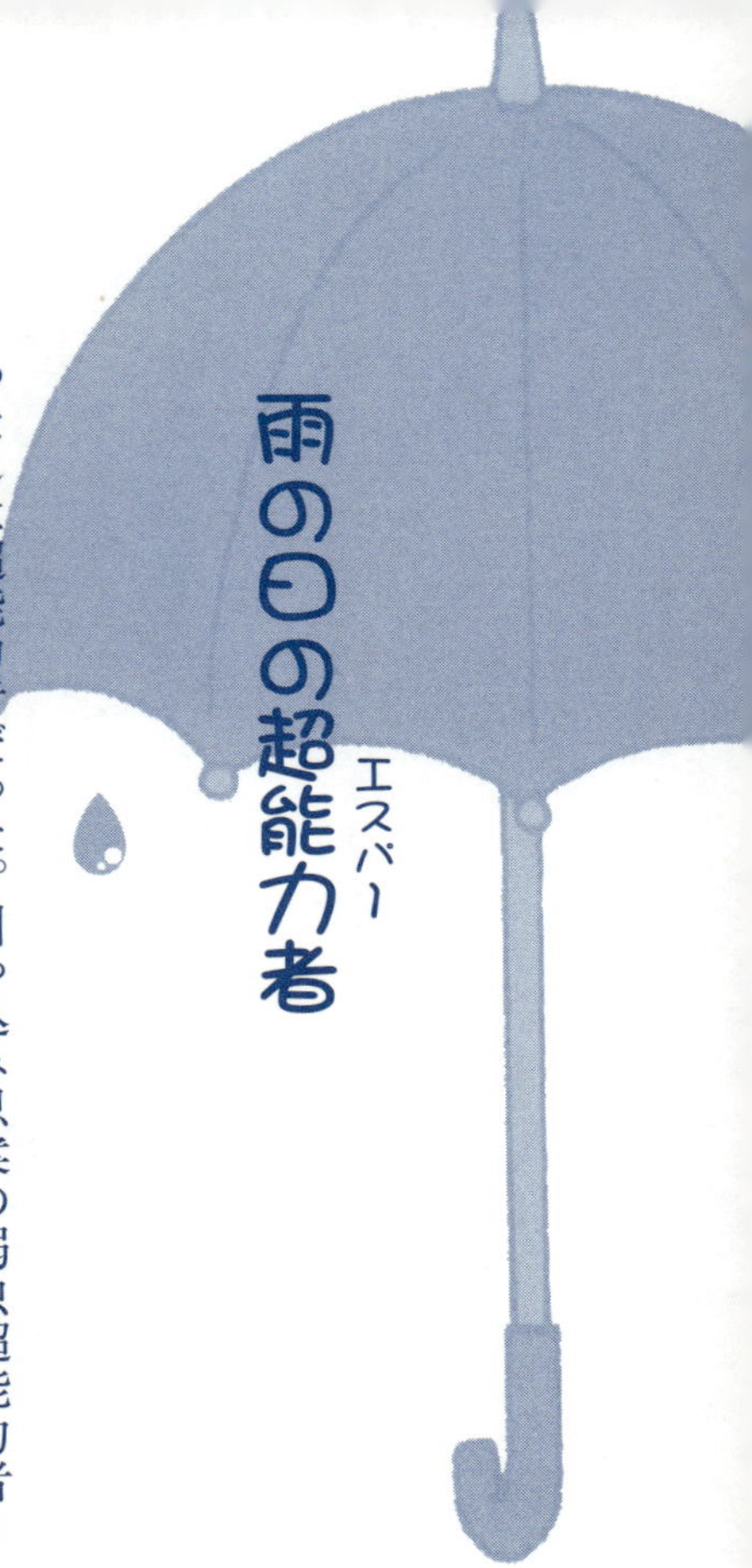

雨の日の超能力者《エスパー》

わたしは超能力者だった。引っ込み思案の弱虫超能力者……。


わたしが自分の超能力に気がついたのは、四年生の夏休みだった。

その日、わたしと友だちは、いきなり降り出した雨を避け、公民館の図書室にいた。

「いちごアイスなんて、おいしくないよ。バニラがいいな」

周りにいた友だちは、一瞬、ポカンとした。

「なに言ってるのよ舞羽《まいは》、いきなり」

言ったわたしが、一番驚いた。

「さ、さあ。なんかだれかが『いちごアイス食べたい』って言ったような気がして」

その時、となりにいた真奈美《まなみ》が、ひきつった表情でつぶやいた。

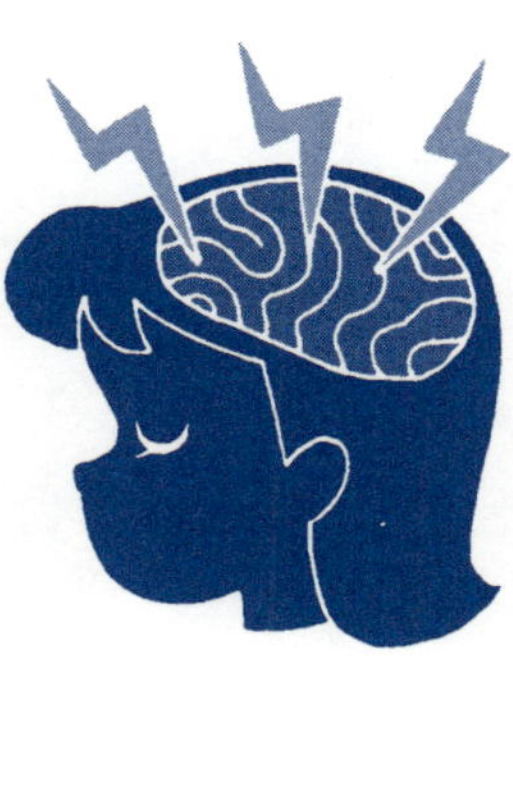

「あ、あたし、今思ったの。『いちごアイスが食べたいな』って」

「うわあ、すごい舞羽。超能力があるんだあ！」

みんなで大笑い。その場はそれで終わった。けれど、わたしのその超能力は、それから時々顔をのぞかせた。


ある日、朝の会で先生がちょっと顔を曇らせて、黒板の前に立った。

「えっ、一樹《かずき》が交通事故？」

わたしのつぶやきが、前の席に届いた。

「ちょっと舞羽、そんな冗談、言うもんじゃないよ」

沙耶《さや》が振り返ってわたしを見る。と、次の瞬間、先生の口がゆっくり開いた。

「実は一樹が昨日、自転車に乗っていて車とぶつかった。けがはたいしたことないらしいけど、しばらく入院するそうだ」

沙耶がもう一度ふり向いてわたしを見た。

「舞羽、あんた……」

その時から、わたしは自分が〃人の心を読む力を持っている〃ことを確信した。

「ええと、ちょっと待ってくださいね。今、細かいの出しますから」

ある雨の日のスーパーで、わたしはおかあさんと一緒に買い物をしていた。レジでわたしたちの前にいた女の人が、サイフの中から懸命に小銭を探している。

「ごめんなさいね、時間かかっちゃって」

「大丈夫ですよ。別に混んでませんから、ごゆっくりどうぞ」

そう言った店員さんの心の声が、突然飛びこんできた。耳に、というより頭の中に、ふわっと浮き出てくる感じ。

【早くしてよね。まったく、たいした買いものじゃないくせにさ】

笑顔の向こうの声だ。わたしは急にいやな気持ちになって、レジを変えようと言った。

それからも、同じようなことが何度もあった。その度に気分がズシンと落ち込む。聞きたくないことまで聞こえてしまうこの能力。思いもかけないときに、いきなり飛びこんでくる心の声。自分でコントロールできない力なら、そんなものはいらない！　そう思うようにもなってきた。それと同時に、ある因果関係にも気がついた。「わたしの超能力は、雨の日にだけ発揮される」ということ。

確かにいつでもそうだった。わたしが人の心を読んだのは、決まって雨降りの日……。

どんよりとした雲が、頭の上を支配していたその日、わたしはひとりで下校していた。裏通りのM公園にさしかかったときのことだ。

「なに？　どうしたのかしら」

数人の小学生が、ランドセルを背負ったまま、ひとつの固まりになっている。

「あっ、公太《こうた》だ。純一《じゅんいち》もいる」

そこにいたのは、クラスメイトの男子ばかり。そしてそのまん中には、いつもおとなしい恭介《きょうすけ》がいた。その時、ポツリと頭の上に雨が落ちてきた。

【ぼくじゃないよ】

恭介のか細い声が聞こえた。わたしは、おそるおそる、その固まりに近づいていく。

「おっ、何だ、舞羽じゃないか。何か用か？」

「あ、べ、別に……。でも、なにしてるの？」

そんなわたしを見て、公太が意気揚々と話を始めた。

「おれの集めてるキャラクターのカードがなくなったと思ったら、恭介のランドセルの中に入ってたんだ。こいつ、どろぼうだぜ。だからおれたちが、注意してたんだ」

恭介は、わたしの顔をまっすぐに見て、顔を小さく横に振った。

(やったのは恭介じゃない)

わたしはそう直感した。だから、ゴクリとつばを飲みこんで、ふりしぼるように言った。

「き、きっと、恭介じゃないよ。なんかわたし、わかるんだ」

「おっ、例の〝超能力〟か？　……お前、自分にそんなのがあるって本気で思ってんのかよ」

〝固まり〟が一斉に笑った。

【ぼくのランドセルの中に、だれかが入れたんだ。ぼくじゃないんだ！】

再び、恭介の声が聞こえてくる。それと同時に、別の声も聞こえてきた。

【けっ、何が超能力だ。それが本当なら、おれがやったって言い当ててみろよ】

純一の声だった。わたしはゆっくりと純一の顔を見た。驚いたように、目をそむける純一。

わたしはありったけの勇気を振り絞った。

「純一！　どうしてそんなことをしたの？」

みんなが一斉に純一を見る。

【や、やべえ。やっぱりカードを全部、恭介のランドセルに入れちゃえばよかった】

どうやら、純一お気に入りのカードは、自分のものにしてしまったらしい。……今、恭介を助けられるのはわたししかいない。わたしが言わなくちゃいけないんだ。

これまでの人生で味わったことのない勇気が、わたしの体中を駆けめぐる。

「純一、ランドセルの中に、何が入ってるの？」

純一の顔が青くなった。公太がちょっとまゆをしかめて、純一に詰め寄る。

「な、何だよ、関係ねえだろ。おれ、用があるから先に帰るからな」

その場から逃げるように走り去る純一の背中を、みんながじっと見つめた。


その日から、長い時間が流れすぎた。もうすぐ中学生になるわたしには、遠い日の出来事だ。あの時から、わたしの超能力はパタッと消えてなくなった。あれって、本当にあった出来事だったんだろうか。それとも、夢か幻だったんだろうか。

超能力はなくなったけれど、あの日からわたしは、ちょっとだけ強くなった。そんな気がしてならない。今日も窓の外には、静かに雨が降っている。

コタローの恋

コタローは子ネコだ。なのに、すずめの〝チェリー〟に恋をした。

「かわいいな、チェリーは。ぼくのおよめさんにしたいなあ」

そんなことを考えながら、へいの上から高い電線を見つめていた。

「ねえ、チェリー。あの子ネコ、またあんたのこと、でれーっと見てるわよ」

チェリーの友だちが、うす目でコタローを見下ろしながら、そう言った。

「そうなのよ、いやんなっちゃう」

チェリーも思わず苦笑いだ。

「だけどこのおうちは、おいしいパンくずをくれるから、離れられないのよね」

と、そんなわけで、この家のまわりには、いつでもスズメたちがいた。

「ねえ、チェリー！」

コタローが庭にピョンと降り立って、チェリーに呼びかける。

「ここへ降りておいでよ。ぼくといっしょに遊ぼうよ」

「だめよ、チェリー。ゆだんしちゃだめ。なんたって相手は、ネコなんだからね」

「そうそう、いつ気が変わってあんたをパクリとやるか、しれたもんじゃないわ」

みんなはそろって首を横に振った。もちろんチェリーだって、ネコのこわさはよく知っている。今までにどれだけの仲間が、あの恐ろしいツメとキバにやられたことか。

(やっぱりコタローも、同じなのかなあ……)

チェリーにはどうしても、あのくりっとやさしい目をしたコタローが、自分をおそって食べるなんて思えないのだ。

「ねえ、コタロー。あなた、ここまで登ってこられる?」

チェリーがいきなりそんなことを言ったものだから、スズメたちはみんなびっくり。

「な、なにをバカなこと言ってるの。本当に登ってきたら、どうするのよ!」

けれどチェリーはおかいまいなしに、こんなことまで言ってしまった。

「本当に登ってきたら、お友だちになってあげる」

びっくりの上にびっくりが重なって、スズメたちはいっせいに電線を飛び立った。

「チェリー！　あぶなくなったら、すぐに帰ってくるのよう！」

　チェリーは知っていた。この電柱はどんなネコでも、決して登ってはこられないことを。

「ようし、わかった。ぼく、そこまで登っていくよ。えい、ええい！」

　コタローは、チェリーと友だちになりたい、いやいや、できればおよめさんにしたいという気持ちをバネに、何度も何度も飛びついた。精一杯にツメを立て、かたい電柱に飛びついた。けれどコンクリート製の電柱は、あっさりコタローをはね返す。やがてコタローのツメの間にまっ赤な血がにじんだ。それでもコタローはやめようとしなかった。

「わ、わかったわ。もういいよ。友だちになる、お友だちになるったら！」

　チェリーはあわてて叫んだ。それを聞いたコタローは、もう大喜び。コマみたいにくるくる回ってバンザイをした。

「だけど、わたしを食べたらだめよ。それからツメを立てるのもだめ」

　コタローは、「もちろん」と、両手をあごの下にちぢこめる。それを見て安心したのか、チェリーはゆっくりとコタローの近くに舞い降りた。ところがいざ降りてみると、ちょっとドキドキ。だって、こわいこわ～いはずのネコがすぐそばにいるんだから。

「……ねえコタロー、どうしていつもわたしを見ているの？」

「そりゃあ君が、とってもかわいいからさ。特に茶色い羽と黒いテンテンのバランスなんか最高！」

「そうかなあ。わたしの羽なんて、みんなと少しも違わないと思うんだけどなあ」

ところがコタローにとっては大違い。くちばしのとんがり具合も、お腹の白い毛並みも、何もかもがぜんぜん違う。理由は簡単。コタローはチェリーに恋をしているからだ。

「きゃっ、ネ、ネズミ！　わたし、ネズミが大きらいなの。やっつけて！」

ところがコタローは、困った顔でモジモジしてる。

「どうしたの？　あなた、ネコなんでしょ？　ネコはネズミをとるのが仕事でしょう？」

「う、うん。でも、だめなんだ、ぼく……」

心がやさしすぎるコタローは、ネズミがかわいそうで、つかまえることができない。魚だってかわいそうで食べられないっていうんだから、あきれしまう。

「おかしなネコねえ、あなたって」

あきれてしまうチェリーだったが、なぜかそんなコタローに心がほわっとするのだ。

それからというもの、チェリーまでが「変わり者」と呼ばれるようになってしまった。それは、二人……、いやいや一羽と一匹が、毎日一緒に楽しく遊ぶようになってしまったからだ。

コタローがチェリーを背中に乗せて庭を走り回ったり、チェリーがコタローのしっぽをつついて、パタパタ飛び回ったり。それはそれは、だれがどこからどうみても、おかしな光景だった。コタローは幸せだった。「ひょっとしたら、本当にチェリーはぼくのお嫁さんになってくれるかもしれない」なんて考えたりもした。しかし……。

「嵐がくるわよ！」

群れのリーダーが、大声で叫んだ。そう、コタローの住むこの土地に、もうすぐ恐ろしい嵐がやってくるのだ。

「チェリー早く！　何をしてるの。すぐここを発つのよ！」

チェリーは悩んだ。スズメは群れで行動する鳥だ。一羽でも勝手な行動をとれば、みんなに迷惑がかかってしまう。やがて空が重苦しい色に変わり、そして雨が落ちてきた。チェリーは電線の上からじっとコタローを見ていた。

「ごめんね、コタロー。わたし、みんなに迷惑はかけられない」

いっせいに飛び立つスズメたち。その中に、チェリーの姿もあった。

「チェリー……。どこへ行くの？　戻ってきてよ、チェリー。ねえ、チェリー！」

コタローは電柱に飛びついた。何度も何度も飛びついてツメの間から赤い血がにじんだ。

それでもチェリーは帰ってこなかった。嵐が去って空が青く変わっても、やっぱりチェリーは帰ってこなかった……。

それから何年かがたった。コタローはりっぱな大人のネコになり、かわいいめすネコと結婚した。春には息子も生まれ、もうすっかりパパネコだ。

「ねえ父さん、カレンと遊んできてもいい?」

「またかい、コジロー。まったくネコのくせして、カラスのガールフレンドをつくるなんて、どうかしてるぞ」

それを隣で聞いていたママネコが、くすっと笑いながら言った。

「やっぱり、あなたの子ね」

あいつは未来のJリーガー

その日おれたちは、サッカーをしていた。うちからちょっと離れた公園だけど、サッカーをするにはちょうどいい広さなんだ。

「真人《まさと》、上げるぞ！」

健一《けんいち》のセンタリングに、おれの右足が反応する。

「あーっ、やべえ～！」

ジャストミートしなかった。おれの右足からけり出されたサッカーボールは、公園のネットをはるかに越えた。

「うわ～、人んちに入っちゃった」

「あ～あ、やっちゃった。どうすんだよ。おれ、しーらねえっと」

今まで遊んでいたメンバーが、一斉にダッシュで逃げ出す。

「おい待てよ。おーい！　……ちぇっ、なんて薄情なやつらだ」

けり出したボールはおれのボールだ。なんとか返してもらわなくちゃならない。

「すいませーん、失礼しまーす」

開けっ放しになっている門から、そっと中へ入る。

「あ、あったあった。……ボール、取らせてくださ〜い」

小声でそう言って、芝生の庭に一歩足を踏み入れたその時だった。

「それ、君のボールかい？」

ドキッとして声の方を向くおれ。一人の男子がリビングの窓を開け、顔をのぞかせていた。

初めて見る顔だ。おれと同じ五年生くらいだろうか。

「う、うん、おれのボール。取らせてもらってもいい？」

「ああ、いいよ。……きみ、サッカー好きなのかい？」

そいつはおれを見下すように、ニヤニヤと笑った。おれはだまってうなずく。

「だったらちょっと中へ入らないか。珍しいものがたくさんあるよ。あ、うちの人は今、だれもいないんだ」

珍しいもの？　おれの好奇心はその言葉に、グッとかき立てられる。初対面なのに、なぜかあまり抵抗はなかった。

「これがワールドカップのポスター。日本と韓国でやったときのさ。これは、浦和レッズのスペシャルペナント。なかなか手に入らないんだぜ」

その他にも、所狭しといろいろな〃お宝〃がそろっている。たくさんのポスターや写真。中には、「埼玉スタジアムの土」なんて、妙な物もある。

「へえー、すげえなあ。どうやって集めたんだ、こんなに」

おれが感心していると、そいつは少し照れたような顔になって言った。

「ぼく、『リトル・キッカーズ』の副キャプテンなんだ」

「えっ、あの全国でも名門の？」

「ああ、だから、けっこういろんなものが手に入るのさ。時々、中国とか、オーストラリアに合宿に行くから、外国のものもあるんだ」

たしかに、外国語で書かれたサッカーの雑誌なんかがたくさんある。

「ん？　これは……」

「おっ、よく気がついたね。それはぼくの一番の宝物さ。『小野《おの》伸五《しんご》選手のサイン入りサッカーボール』だよ。直接握手してプレゼントされたんだ」

小野伸五といえば、全日本のトッププレイヤーだ。すげえ。

「今度、合宿の話とか、Jリーガーの話とかしてあげる。いつでも遊びに来なよ」

おれは、ものすごいやつと友だちになった。

そいつの名前は巧己《たくみ》。遠くの私立小学校に通ってるらしい。どうりで見かけない顔だ。

ところが今は試合中のケガで静養していると言った。きっと未来のJリーガーだ。

それからというもの、おれは時々巧己の家へ遊びに行った。おれがいつ行っても、たいてい家にいる。ひざのケガがなかなか治らないらしい。この巧己のことは、みんなにはないしょ。おれだけの秘密だ。秘密を持ってるって、けっこうワクワクする。

六月になり、梅雨に入ったばかりの土曜日だった。

「なあ巧己。おれの学校で今度『自慢大会』っていうのをやるんだ。そこでおれは、リフティングをやりたいんだけど、特訓してくれないかな」

おれの言葉に巧己はなぜかちょっとの間、だまって何かを考えていた。そして言った。

「いいよ。庭へ出よう」

庭は芝生。リフティングにはもってこいだ。

「いいか、まず腰をしっかり安定させるんだ。それから小さく小さくリフトする」

それだけ言うと、巧己はリフティングを始めた。十回、二十回と回数が増えていく。ちっともバランスがくずれない。この調子だと、百回でも、二百回でもできそうだ。

「よしっ、五十回越えたぞ。すげえ!」

と、おれが声をあげた直後だった。庭の外から大きな声が飛んできた。

「巧己、なにやってるの!」

「あれ、かあさん。仕事どうしたの。ずいぶん早く……」

そこまで言った巧己の体が、グラリと大きく傾いた。

「あっ、巧己、巧己!」

おれの声に、おかあさんの悲鳴が重なる。その後、巧己は救急車で病院に運ばれていった。

それから数日後、おれは巧己の入院している病院へ、お見舞いに行った。

「ごめんよ、真人」

巧己は細い声で、おれに謝った。

「ずっと真人にうそをついてたんだ。サッカーの副キャプテンなんてでたらめさ。ぼく、小さい頃から心臓が悪くて、学校へもあまり行けないくらいなんだ」

「でも、リフティング、すごかったじゃないか」

「みんなみたいに、グラウンドを走り回ることはできないけれど、サッカーは大好きなんだ。だから、こっそりリフティングの練習だけは小さい頃からやってた。ただし、二十回が体力の限界なんだけどね」

そう言って、巧己は力なく笑う。そうだったのか、そんなこと知らないでおれは……。

「こうだったらいいな、っていうことを真人に話してただけなんだ。でもそれが、とっても楽しかった。サンキューな、真人」

おれは胸がキュッとしめつけられて、何も言葉を返すことができなかった。

「ぼく、今度設備のいい病院へ転院することになったんだ。ずっとずっと遠くの病院に。だからこれ、真人にやるよ。お礼のつもり……」

それは、ベッドの枕元に飾ってある、〃小野伸五のサインボール〃だった。

「これは本物だよ。どうやって手に入れたかは、ないしょだけど」

そう言って巧己は、もう一度笑った。

病院を出ると、霧のような細かい雨が降っていた。

「梅雨が明けるまでには戻ってこいよ」

おれは振り返り、巧己の病室に向かって、そうつぶやいていた。

雨の日の乳母車

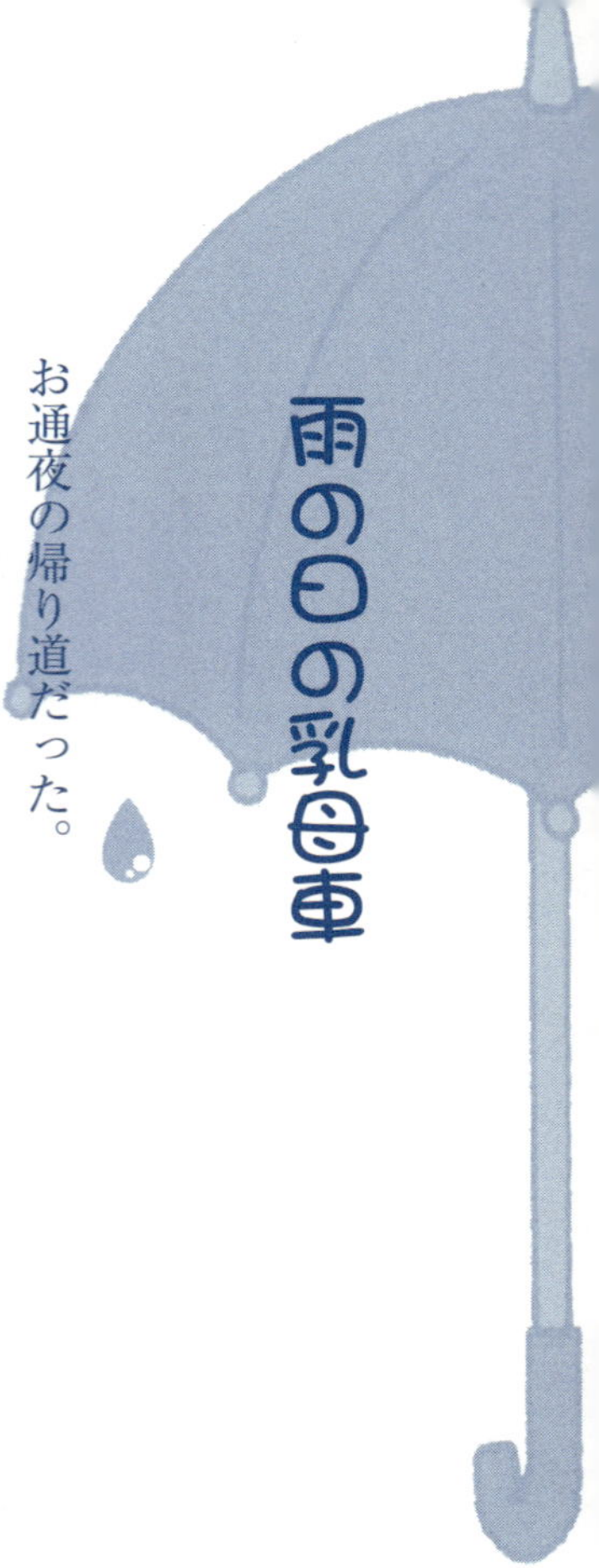

お通夜の帰り道だった。

「すっかり遅くなっちゃったな」

運転席のおとうさんが、助手席のおかあさんに話しかける。親戚のおばさんが突然亡くなった。明るくて優しいおばさんだったのに。ぼくの隣では妹がすやすやと軽い寝息をたてている。もう、夜中の十一時だもの、無理はない。

「おや、雨だ」

フロントガラスに、ガラス玉のような雨粒がついている。

「おっと」

突然、車が止まる。ちょっと前のめりになったおかあさんがたずねた。

「どうしたの、おとうさん」

「うん、ほら、この立て看板。ナビの通りに来たのになあ」

ぼくは、首を伸ばして外の様子をうかがった。

「なになに、『この先通るな』か。ちぇっ、乱暴な書き方だな」

おとうさんが吐き捨てるように言った。ぼくもそう思う。「通らないでください」とか、「通行禁止」とか書けばいいのに。

「まあ、だれかのいたずらだろう」

「うん、きっとそうだよ。本物の看板だったら、こんなゴミみたいな古い板に、汚い字で書いてあるわけないし」

先へ進むと、道がどんどん細くなってきた。

「本当にこの道でいいのかなあ?」

ぼくは少し不安になった。

「だいじょうぶさ。ちゃんとナビの通りに走ってるんだから」

それもそうだ。おとうさんの言葉を聞いたら安心して、なんだか眠くなってきた。ぼうっと窓の外を見る。雨がひどくなってきたみたいだ。

「ねえ、おかしいわよ」

おかあさんの声で、ハッと目が覚めた。どうやらウトウトしたらしい。

「国道までこんなに遠いはずがないもの」

すると突然、ナビの画面がまっ暗になった。

「まいったな。知らない道だぞ、ここ」

おとうさんがコリコリと頭をかいたその時だった。

「えっ、な、何この人……」

おかあさんの声に、外をのぞきこむ。人がいた。こんなまっ暗な道を、それもどしゃ降りの雨の中で乳母車を押している女の人だった。黒い服に、黒い帽子。

「どこへ行くんだろう、この人」

「それより、どこから来たの？　ずっと家なんかなかったし、明かりだってひとつもなかったじゃない」

ぼくの背中に、冷たいものがはい上がる。

「は、早く行こう」

車のスピードが上がる。ヘッドライトに、降りしきる雨が銀色の糸のように浮かび上がった。

それから何分走っただろう。相変わらず国道らしき道など、どこにもない。

「やっぱりへんだ。対向車も、後ろから来る車も、家も、店も、街灯も、何ひとつないなんて」

その時、急ブレーキがかかって、車が少しスリップした。
「どうしたのおとうさん」
目を覚ました妹の言葉なんかまるで聞こえなかったように、おとうさんが前方を指さした。

そこには、さっきと同じ、乳母車をゆっくりと押す女の人がいた。

「どこなんだ、ここはいったい」

静かに女の人の横を通り過ぎる。その時、ぼくはハッと息を飲んだ。

「こ、この人、さっきの人だよ。だって、同じように服のわきが破れてる……」

「……きっと、同じところを回っているんだ」

おとうさんの声も、うわずっていた。タイヤが空回りするほど、アクセルを踏みこむ。

「一刻も早くここを抜け出すんだ。いいか、しっかりつかまってろ!」

こんなまっ暗な細い道。ましてや、どしゃ降りの雨の中でスピードをあげるなんて無茶だ。けれど、そんなことは言っていられない。何か、得体の知れないものがぼくたちを取りまいている。そんな気がした。

「うわわわっ!」

今度は体が前に飛んでいきそうな急ブレーキだった。車が大きくスピンした。そのライトに浮かび上がっていたのは、三度目の乳母車。しかし、前の二度とは違っていた。その乳母車がゆっくりと向きを変えて、こっちへ近づいてきたのだ。ゆっくりと、ゆっくりと……。そして近づいてくるにつれ、赤ん坊の泣き声が聞こえてきた。乳母車の中の赤ん坊だ。けれどその赤ん坊は……。

「ひっ、ガ、ガイコツ!」

そう、乳母車の中で泣いているのは、まっ白なガイコツ。そして、帽子のひさしをもちあげた女の人もまた、ガイコツだった。さらにそのガイコツのあごがカタカタと動き、こんな声がこぼれてきた。

「どうして、ここへ来たんだい。看板に書いてあっただろう。『この先通るな』って」

そう言って、ケタケタと笑った。

「うわ、うわ、うわあ!」

二度目の急発進をして、車が走り出す。

「おとうさん、おとうさんってば。そんなにスピードを出したら……。ああっ!」

ぼくの叫び声は、まっ暗な夜空に吸い込まれていった。ハンドルを切り損ねた車は、ガードレールを突き破って、真っ逆さまにがけの下へと落ちていった。

(どうして、どうしてこんな目にあわなくちゃならないんだ……)

まわりの世界が、スローモーションに変わる。落ちていく車の窓から、キラキラと光る雨の一粒がはっきりと見えた。

雨の童話　春まちとうげ

山は　すっかり　雪でした。さっちゃんは　春まちとうげの　ていりゅうじょで　おかあさんと　バスを　まっていました。

「さむいよ、おかあさん」

「そうね、中に入って　まちましょうか」

ふたりは　ふくについた　雪を　はらって　ていりょうじょの　中に　入りました。

「中も　さむいよ、おかあさん」

みっちゃんは　まっ白になった　まどガラスを　キュッと　手で　こすりました。

「みみずく山が　ケーキみたいだよ。ほら、てっぺん杉が　いちごみたいに　見えるし……」

みっちゃんは　しばらくのあいだ、ホワイトケーキのような　みみずく山を　見ていましたが、やがて　それにも　あきてしまいました。

「バス　おそいね、おかあさん」

「そうね、よていの　じこくは　とっくに すぎているのに。きっと　この雪で　おくれているんだわ」

わたのような雪は、ときどき　風にふかれて　あっちへいったり　こっちへ来たり。それでも　たえまなく　ふりつづくのでした。

「あれっ?　これ　なんだろう」

さっちゃんは　ベンチの　すみに　なにかを　見つけました。よく見ると、それは十二色の色えんぴつと　小さな　スケッチブックでした。

「こんなの　さっきから　あったかなあ」

「さあ、おかあさんも　気がつかなかった

わ。……あら、ひょうしに　なにか　書いてある。『どうぞ　ごじゆうに　おかきください』ですって」

さっちゃんは、わあいと　大きな声を　あげました。だって　たいくつで　たいくつで　しかたなかったのですから。

「ええと、みどり、みどり……と」

春が　まちどおしい　さっちゃんは、みみずく山を　きれいな　みどり色で　かきました。

「まあ、あらら……」

とつぜん、おかあさんが　へんな　声を　出しました。

「どうしたの、おかあさん」

「ほら、みみずく山を　見てごらんなさい」

おかあさんが　ゆびさした　まどガラスの　むこうの　みみずく山は、もう　ホワイトケーキでは　ありませんでした。いつのまにか　さっちゃんが　スケッチブックに　かいたのとおなじ、みどり色の　春の山でした。

「わあ、すごい。これってきっと、まほうの色えんぴつなんだ」

つぎに　さっちゃんは　色とりどりのお花を　たくさん　かきました。すると　みみずく山

にも　赤やピンクのお花が　どんどん　さいていったのです。

「ようし、お空は　青だ」

さっちゃん、すっかり　むちゅうです。青い色えんぴつを　取り出して、シャカシャカ　ぬりはじめました。

「まあ、さっちゃん。みみずく山の上だけ、きれいな　青空になったわ」

おかあさんは　さっきから、目を　まん丸くしたままです。

「小鳥も　いっぱい　やってこーい！」

小鳥を　いっぱい、かきました。すると、どこからやってきたのか　雪のカーテンをすりぬけて、あっちからも　こっちからも小鳥たちが　とんできました。

「わあい、すごい　すごい！」

　さっちゃんは　思わず　外へとび出しました。

「……」

　外に　出ると、そこは　白一面の　冬げしきでした。

「みみずく山……また　ケーキに　なっちゃった……」

　春の　みみずく山は、どこへいったのでしょう。なにもかわっていない、まっ白な、まっ白な　冬の世界。

「春ばかり　かくから、冬が　すねちゃったのね、きっと」

　おかあさんは、さっちゃんの　はなを　ツンとつついて　そんなことを　いいました。

「えっ、雨？」

　とつぜん　さっちゃんが、くびを　かしげました。おかあさんも、手のひらを　そっと　空に　かざします。

「まあ、みぞれだわ。きっと　もうすぐ、雨に　かわるわね」

　雪から　みぞれに。みぞれから　雨に……。

「春が　近いのね」

おかあさんは　さっちゃんの頭に、そっと　コートのフードを　かけました。

「あっ、やっと　バスが来た！」

ハアハアと　白い　いきをはきながら、バスが　とうげを　のぼってきます。ふと、ていりゅうじょの中を見ると、あの　色えんぴつも、スケッチブックも　もうどこにもありませんでした。

「雪もいいけど、雨もすてきね」

そうつぶやいて　もう一度　みみずく山を　見上げた　さっちゃんは、いつも　心のどこかで、春を　まちつづけているのでした。

雨の童話　ごんざと市べえ杉

　この村に　〃ごんざ〃っちゅう　子どもが　おった。このごんざ、なにをやっても　へまばかりでな。きんじょの　子どもたちから、

「ごんごんごんざは　ぬけさく　ごんざ。ごんごんごんざは　へまへま　ごんざ」

と　いつも　はやされて　おったんじゃ。それでも　ごんざは、ちっとも　おこったりせん。

「えへへ」と　わらって　頭を　ごりごり　かいとる。じゃがな、人には　〃とりえ〃っちゅうのが　うまいぐあいに　あるもんじゃ。この　ごんごんごんざ、木のぼりだけは　村で一番だったんじゃ。だぁれも　のぼれんような　高い木でも　さるみてえに　するする　のぼっちまうんだ。だけんど、そんなごんざにも　どうしても　登れねえ木が　あった。

　この村と、となりの村と、そのまたあっちの村を、ずどーんと　通りぬけてる　道がある。その道の　りょうわきには、りっぱな杉が　ずらーっと　ならんどる。そりゃもう、みごとなのなんのって。びっくらこいて、くしゃみが　出ちまうほどだ。

中でも、「市べえ杉」っちゅう杉は、とにかく高えんだ。上のほうなんぞ、くもにかくれて、だあれも　見たことが　ねえそうだ。おまけにな、この木に　のぼったものには、どえらいばちがあたるっちゅう、もっぱらの　うわさだ。なのに　ごんざは　ある日、なんと　この木にのぼっちまったんだ。


その日、ごんざは　おとっちゃんに　たのまれて　初めて　となり村へ　つかいに行った。

「わらじを　十足とどけるのはいいが、早くいってこねえと、こりゃ　たいへんだ。なにしろ杉のお道は、よるになったら　まっくらだって　いうからなあ」

ごんざは　おくびょうもんでな。よるになると、おっかなくて　しかたねえんだ。だから、せっせか　せっせか　早足で　歩いてたんだ。

市べえ杉は、道の　まん中あたりにある。ごんざは　やっとこ　そこまで　やってきた。

「はあー、この木かあ、みんなが　たけえたけえって　いっとるのは」

ごんざは、市べえ杉を　ぐうっと　見上げた。するとな、

「ん!?」

ごんざは　首をかしげた。てっぺんのほうで　たかだか、とんびだかわかんねえが、やけに

へんな飛び方をしとる　鳥がおる。

「あやや、どうしたんじゃ、あの鳥は」

馬でも、犬でも、いきものは　なんでも　大すきなごんざは、気になって　しかたねえ。

「やや、またおかしな飛び方をしとる。どうしたんじゃろう。しんぱいじゃ、しんぱいじゃ」

ごんざは　たまらず、つかいのにもつを　近くの草むらに　ほっぽりなげた。それから　ぶっとい木のみきに手をかけてな、うんしょ　うんしょと　のぼりはじめたんじゃ。おくびょうもんの　ごんざじゃけんど、木のぼりだけは　べつなんだ。

「のぼったら　ばちがあたるっちゅうけど、おら、このまんまじゃ　いらんねぇ」

ごんざは　ぐんぐんのぼっていった。いや、そのはええこととといったら　はなのおくがすかっとするほどだ。ところが　そんなに　木のぼりの　うめえごんざでも　ちっとも　てっぺんにゃ　とどかねえ。

「こらまあ、なんてたけえ木だ。なかなか　のぼりきんねえ。だけんど、おらしか　のぼらんねえ。おらが　のぼんなかったら　あの鳥は……」

ところが　ごんざの　うでは　すっかりなまっちまって　さっぱり力がはいんねえ。おまけに　つめてえ雨が、どうっと　ふってきた。

「わわっ、手がすべっちまう。うへえ～、前が　よく見えねえだよう！」

雨は、ますます　ひどくなってきた。ごんざの　目といわず、はなといわず、まるで　たきの水を　横にしたみてえな　いきおいで、たたきつけてくるんだ。

そのとき、まるで　まつぼっくりくらいの　ちっちゃいひなどりが　ごんざの目に　飛びこんできた。

「こりゃ　たかの　ひなどりじゃ。かわいそうに。それで　親鳥があわてて　あんな　みょうな　とびかたをしとったんじゃな。」

ひなどりは　ほそいえだに　足ひっかけて　さかさまになっておった。ごんざは　やさしく手のひらでつつんで、目の前のすに　そっと　もどしてやったんじゃ。

「やれやれ　よかったなぁ」

そういって　ごんざが　あせをぬぐった時のことじゃった。

「あっ、いかん！」

つかれとったんじゃろう。雨のせいも　あったんじゃろう。ごんざは　手をすべらせて、そのまままっさかさまに　おちていったんじゃ。

「あーっ、おらは　もういかん！」

ごんざは　かんねんして　目をつぶった……。


（ありがとね　ありがとさん）

頭の中に　そんな声がひびいて、ごんざは　目をさました。

「あ、あれ。おら……。どこじゃ、ここは」

ごんざは　きょろきょろと　あたりを見回した。そのとき、また　さっきの声が　したんじゃ。それは　空の　うんと上の方から　聞こえた。

（ありがとね　ありがとさん）

空では　たかの　親鳥が　くるくる　回って　とんでおった。

「うへっ、なんだか　まるで　あいつが　礼をいっとるような　気がするのう。まぁ　なんにしても、よかったなぁ。よかった、よかった。たかの子も　おらも　ほんに　ほんに」

ぱんぱんと　体についた　土をはらう　ごんざの動きが　いきなり　ぴたっと　止まった。そして急に　じべたにはいつくばって　両の手を　しっかり合わせたんじゃ。

「あ、ありがとうごぜえます。おら、のぼっちゃいけねえ木さ　のぼっちまって。それなのに、ばちもあたらねえで　たすけてもらっちまって。ありがとうごぜえますだ」

しばらくのあいだ、そうやって　ぺったり　はいつくばってた　ごんざじゃったが　やがてそうっと　頭をあげた。市べえ杉は　だまってただ　どうんと　たっているだけじゃった。

もう一度　ふかぶかと頭をさげて　ごんざは　ゆっくり立ちあがった。おっと、にもつをわすれちゃなんねえぞ。

ごんざは　つかいのにもつを　ひろいあげると、また、となり村への道を　せっせか　歩き出した。そしてもう一度、後ろをふりかえった。

するとな、空はすっかり青空で、ぐうんとそびえた　市べえ杉は　なんだかとっても　やさしげじゃったと。

おしまい。

▲著者 山口　理（やまぐち　さとし）
東京都生まれ。大学卒業後、教職の傍ら執筆活動を続ける。のちに、執筆活動に専念。児童文学を中心に、様々なジャンルでの執筆を続けている。主な作品に『かけぬけて、春』（小学館）『あたしが桃太郎になった日』（岩崎書店）『河を歩いた夏』（あすなろ書房）『エリアは北へ』（アリス館）『それぞれの旅』（国土社）『父と娘の日本横断』（ポプラ社）『風のカケラ』（汐文社）『それいけ、はっちょ！シリーズ』（文研出版）『教室で語り聞かせる　こわ〜い話』『5分間で読める・話せる　こわ〜い話』『準備いらずのクイックことば遊び』（いずれもいかだ社）など多数。児童書だけでなく、一般・教師向けの著書も多い。現在、日本児童文学者協会理事。日本ペンクラブ会員。更に本業以外にも、日本ブーメラン協会監事、日本くるま旅協会会員など、遊び人の肩書きも豊富。

▲イラスト やまねあつし
1967年東京生まれ。サラリーマン生活を経て漫画家に転身。迷路・クイズの構成やイラスト・漫画等、子ども向けの本を手がけている。主に「いたずらぶっく」(小学館)やテレビアニメ絵本の企画構成など、幅広く活躍。

編集▲内田直子
ブックデザイン▲渡辺美知子デザイン室

教室で話したい　雨の日の話

2006年6月17日　第1刷発行

著　者●山口 理©
発行人●新沼光太郎
発行所●株式会社いかだ社
〒102-0072 東京都千代田区飯田橋2-4-10 加島ビル
Tel. 03-3234-5365　Fax. 03-3234-5308
振替・00130-2-572993
印刷・製本　株式会社ミツワ

乱丁・落丁の場合はお取り換えいたします。
ISBN4-87051-189-4